华为的绩效管理

绩效管理

一本对华为绩效管理进行细致分解的图书

张继辰◎著

深圳出版社

图书在版编目（CIP）数据

华为的绩效管理 / 张继辰著. -- 深圳：深圳出版
社，2016.7（2024.7重印）. --（华为员工培训读本系
列）. -- ISBN 978-7-5507-1573-8

I. F632.765.3

中国国家版本馆CIP数据核字第202496XW75号

华为的绩效管理
HUAWEI DE JIXIAO GUANLI

出 品 人　聂雄前
责任编辑　涂玉香　张绪华
责任技编　陈洁霞
封面设计　元明·设计工作室

出版发行　深圳出版社
地　　址　深圳市彩田南路海天综合大厦7-8层（518033）
网　　址　www.htph.com.cn
订购电话　0755-83460397（批发）　83460239（邮购）
设计制作　深圳市线艺形象设计有限公司　0755-83460339
印　　刷　深圳市希望印务有限公司
开　　本　787mm×1092mm　1/16
印　　张　14.25
字　　数　280千
版　　次　2016年7月第1版
印　　次　2024年7月第8次
定　　价　42.00元

前言

在过去的 30 多年时间里，大多数中国民营科技企业总是逃脱不了"各领风骚三五年"的命运，华为却成功了！

华为从一家立足于中国深圳经济特区，初始资本只有 2.1 万元的民营企业，稳健成长为年销售规模达 3950 亿元的世界 500 强公司。作为一家无背景、无资源、缺资本的民营企业，华为将西方众多百年巨头纷纷斩落马下。它被众多跨国对手视作"东方幽灵"。20 多年来，华为从一张白纸变为世界级高科技企业，成为中国企业的标杆。

事实上，就在华为开始创业的 20 世纪 80 年代中后期，国内诞生了 400 多家通信制造类企业，但这个行业注定是个生死竞技场，赢者一定是死得最晚的那个。华为活到了最后。

这是中国最优质的一家民营企业，没有之一。一位 70 岁的商业思想家，10 多位 40 岁出头的企业战略家，几千位 30 ~ 40 岁出头的中高层管理者，率领着 10 多万 20 ~ 30 岁的以中高级青年知识分子为主体的知识型劳动大军，孤独行走在全球五大洲的各个角落。他们过往 20 多年成功的绩效管理密码到底是什么？还能继续成功复制吗？

华为是中国最早将人才作为战略性资源的企业，其人力资源管理体系更是华为 20 多年来持续发展的动力和关键。任正非在华为人力资源管理中坚持"人力资本的增值一定要大于财务资本的增值"，"对人的能力进行管理的能力才是企业的核心竞争力"。

绩效管理是组织人力资源管理的基石之一。不管在哪里工作，不管组织大小，也不管业务模式简单还是复杂，只要起用了一定数量的员工，有效的绩效管理都是必需的。无论一家公司的员工是只有数百人还是有几十万人，公司的成功依赖于每一位员工创造的绩效。可以说，成功始于绩效管理。具体说来，我们需要员工做什么？我们如何评估他们的工作？我们如何设计和实施相关的制度来提升绩效标准？

过去几十年来，在许多企业中，"绩效管理"这一术语替代了"绩效评估"这个词。绩效评估强调的是对员工绩效的评价（通常是年度评价），而绩效管理本质上是一个持续的过程，包括设定目标，并使不同实体的目标保持一致，辅导和开发员工，提供非正式反馈，正式地评估员工，将绩效与认可和奖励关联起来。绩效管理旨在提高员工绩效（以及工作满意度和对组织的承诺感）和组织绩效。

竞争归根结底是由人来推动的，企业竞争力的基础是人力资源管理的效能，所以员工绩效管理变得日益重要。

华为的愿景、使命、核心价值观及其工作文化说到底是一种高绩效文化。高绩效文化的核心能解决两个问题：1.让企业及所有的员工总在做正确的事；2.所有的员工用正确的高效的方式做事并保证质量的唯一性。

从这一角度去理解企业核心价值观及其工作文化，全世界的优秀企业其内容几乎是一样的，不一样的地方只是阐述的方式不同而已。为了保证企业的高绩效，管理者"应该做什么"也是一样的，至于"细节做法"上可能受地区中的世俗文化的影响有所差异。

《华为的绩效管理》是一部讲述如何掌握绩效改进的技能并驾驭我们日常工作的书，而不是如何掌控员工的书。华为的高绩效作战力征服了世界。我们不一定能全盘接受华为的绩效管理系统，打造出同样的绩效管理文化，但我们一定要知道华为和华为团队的战斗力为什么会如此强大，以及知道我们应该走在怎样的一条大道上。

目
录

抓绩效重考核

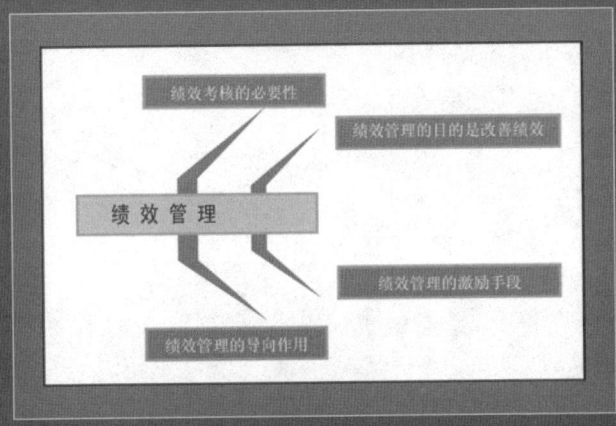

绩效管理有四个环节：目标设定（以及为实现更高目标而进行的目标分解）、绩效评价、结果应用以及绩效反馈。

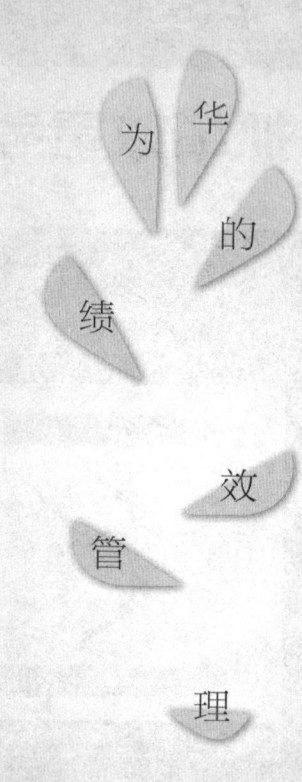

华

为

的

绩

效

管

理

第一节 绩效考核的必要性

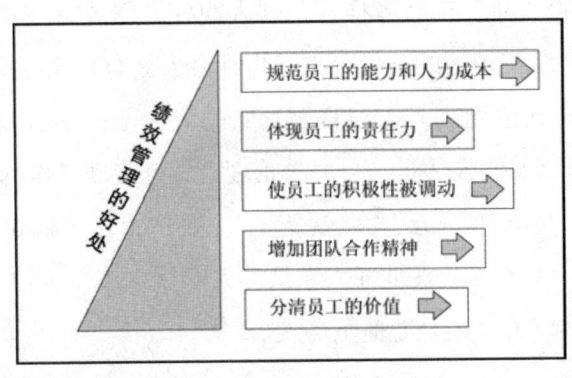

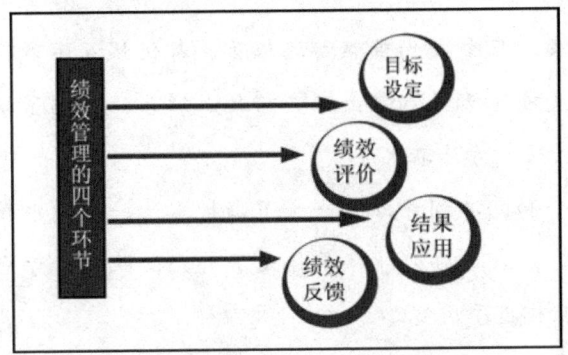

员工工作不主动、不积极，是让管理者最为头疼的一件事。正是因为基层员工缺乏积极主动的精神，态度消极、行动怠慢，难出业绩。只有科学的绩效管理才能调动员工的主动性和积极性，所以管理者一定要懂绩效管理，一定要抓好绩效、重视考核。

按照西方经济学和管理学的观点，绩效管理是对人性的深刻理解和认同，顺应人性，是绩效管理的最终目的。换句话说，只有挖掘人性，并想办法去顺应它，才能促使人自觉去工作、主动去工作。那么，什么是人性？即"人是理性的""人总是追求自身利益的最大化"。"利"就是"利益"，包括物质上的和精神上的，比如，有的人好名，认为名就是利；有的人好财，认为财就是利；有的人好权，认为权就是利；有的人重情，认为情就是利。

人性中的"利"具有多样性，因人而异。绩效管理正是建立在对这种"人性"深刻把握的基础之上。也许有人会有异议，提出这么解释让人听起来有些感到刺耳，但直面真实的人性是一切有效的管理的起点，敢于直面真实的人性是一个卓越管理者做好管理工作的基础。而且，我们不能武断地认为，利己的人就是坏人，那些大公无私的人就是好人。管理学认为，决定一个人是好人还是坏人的根本不是人性，而是机制，机制是要他做好人，还是要他做坏人。

深夜，三个和尚虽然都渴极了，却仍然互不理睬。这时，一只小老鼠神气活现地跑出来。它爬上烛台，弄倒了蜡烛，烧着了布幔。哎呀，寺庙着火了！

三个和尚冲到寺外，一个下山挑水，一个泼水救火，一个用被子扑打，齐心协力，终于扑灭了大火，保住了寺庙！三个和尚高兴得互相握手庆贺。

从此以后，胖和尚在山下打水，小和尚摇水上山，高和尚把水倒进水缸。三个和尚分工合作，水缸里总是满满的。

三个和尚没水喝的原因并非是因为人性的原因，而是因为没有"领导"来考核每个人的工作绩效，职责不清而互相推卸责任，最后，一只恶作剧的小老鼠使他们认识到问题的严重性，引起了他们对绩效的关注。

其实绩效管理最大的好处就在于可以通过绩效过程，帮助员工建立目标管理。

1. 可以规范员工的能力和人力成本。

2. 可以体现员工的责任力。

3. 可以使员工的积极性被调动。

4. 可以增加团队合作精神。

5. 可以分清员工的价值。

完整的绩效管理过程包括四个环节：目标设定（以及为实现更高目标而进行的目标分解）、绩效评价、结果应用以及绩效反馈。

第二节 绩效管理的目的是改善绩效

绩效管理的核心目的只有一个，那就是提升员工绩效，实现企业目标。提升员工绩效是绩效管理的直接成果，也是企业实现战略目标的根本原因。所有企业战略目标的实现，最终都要归结于员工行动的成果，也就是员工的绩效。反过来，员工要想在企业平台上获得更多，也要通过卓越的绩效来换取。因此，实现员工的高绩效，对于员工和企业来说是一种双赢。如果绩效管理以实现这种双赢为核心目的，成功的可能性会大大加强，换句话说，阻力会大大降低。设想一下，哪个员工不愿意公司帮助自己提升绩效，实现快速成长，获得更大回报？哪个管理者不愿意通过绩效管理，提升自己团队的产出，获得更好的发展？

三只老鼠一同去偷油喝。它们找到了一个油瓶，但是瓶口很高，够不着。三只老鼠商量一只踩着一只的肩膀，叠罗汉轮流上去喝。当最后一只老鼠刚刚爬上另外两只老鼠的肩膀上时，不知什么原因，油瓶倒了，惊动了人，三只老鼠逃跑了。回到老鼠窝，它们开会讨论为什么失败。

第一只老鼠说："我没有喝到油，而且推倒了油瓶，是因为我觉得第二只老鼠抖了一下。"

第二只老鼠说："我是抖了一下，是因为最底下的老鼠也抖了一下。"

第三只老鼠说："没错，我好像听到有猫的声音，我才发抖的。"

于是三只老鼠哈哈一笑，都不是我们的责任。

德鲁克说：绩效考核的目的是改善绩效，而不是分清责任，当绩效出现问题的时候，大家的着力点应该放在如何改善绩效而不是划清责任上。

遇到问题先界定责任后讨论改善策略是人们的惯性思维，当我们把精力放在如何有效划清责任上而不是如何改善上时，那么，最后的结果都是归错于外，作为企业员工谁都没有责任，最后客户被晾在了一边，当责任划分清楚了，客户的耐心也已经丧失殆尽了。于是，客户满意和客户忠诚也随之消失了，最后企业的财务目标的实现没有了来源，股东价值无从说起。

再看看人类怎么思考。

在一次企业季度绩效考核会议上，营销部门经理 A 说："最近的销售做得不太好，我们有一定的责任，但是主要的责任不在我们，竞争对手纷纷推出新产品，比我们的产品好。所以我们也很不好做，研发部门要认真总结。"

研发部门经理 B 说："我们最近推出的新产品是少，但是我们也有困难呀。我们的预算太少了，就是少得可怜的预算，也被财务部门削减了。没钱怎么开发新产品呢？"

财务部门经理 C 说："我是削减了你们的预算，但是你要知道，公司的成本一直在上升，我们当然没有多少钱投在研发部了。"

采购部门经理 D 说："我们的采购成本是上升了 10%，为什么，你们知道吗？俄罗斯的一个生产铬的矿山爆炸了，导致不锈钢的价格上升。"

这时，A、B、C 三位经理一起说："哦，原来如此，这样说来，我们大家都没有多少责任了。"

人力资源经理 E 说："这样说来，我只能去考核俄罗斯的矿山了。"

这是老鼠偷油故事的企业版，多么鲜活的案例，看看故事，再想想自己，是不是该改变一下思维方式了？

不能用来指导并改进绩效的指标不仅毫无用处，而且不相关的数据还会掩盖现有的绩效情况，混淆视听，它们会引起不存在的控制假象。

企业要发展很简单，工作目标落实了，问题解决了，绩效改善了，企业就发展了。但是我们的绩效管理体系的重心往往不是在绩效改善、目标落实，而是企业上下都在关注分数怎么打，这就导致了很多工作都是围绕着如何获得高分。

所以，我们如果要考虑清楚绩效管理到底是什么，首先要考虑的是绩效管理的根本目的是什么，以及绩效管理的基本概念，包括由谁承担怎样的责任、具体该如何操作。

绩效考核完成以后，有些组织就将评估结果束之高阁，置之不理，认为一切万事大吉了。这样恰恰违背了绩效管理的宗旨。应将考核结果与相应的其他管理环节相衔接，应用于各个管理环节中，为绩效管理的改进与发展提供可靠依据：①绩效考核结果反馈给员工后，有利于帮助员工认识自己的缺点和优势，有利于推动制订绩效改进计划；②根据绩效考核的结果分析对员工进行量身定制的培训；③薪酬奖金的分配直接与员工个人业绩相挂钩；④如果确实是员工本身能力不足，不能胜任工作，管理者则将考虑为其调整职务或解雇；⑤员工职业发展开发可根据绩效评价的结果展开；⑥绩效考评结果是为组织提供总体人力资源质量优劣程度，以及员工晋升和发展潜力的数据来源，促进组织的未来发展制订人力资源规划；⑦公平公正的绩效评价可以正确处理内部员工关系。

华为把绩效管理看作是管理者与员工双方双赢的一个过程，是就目标及如何达到目标而达成共识，并增强员工成功地达到目标的管理方法。华为公司认为绩效管理不是简单的任务管理，它把绩效管理看作是一个循环流程，包括绩效计划与指标体系的构建、过程控制、绩效考核与评价、绩效反馈与面谈、绩效考核结果应用五个基本环节。绩效管理既重视结果，也重视过程，如下图所示。

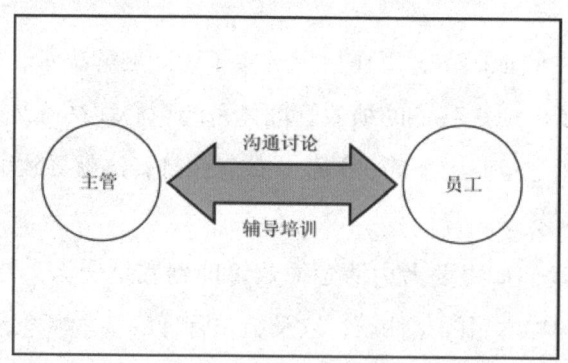

华为公司将绩效管理分为四个步骤，即绩效目标、绩效辅导、绩效评价、绩效反馈。华为公司指出，这是一个循环过程，见下图。

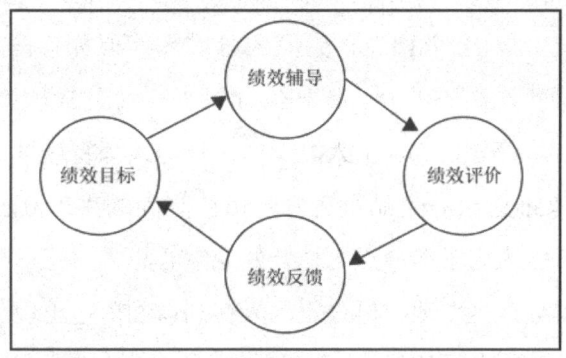

没有绩效考核可能导致大锅饭，有人工作时出工不出力；而过于重视绩效考核，又会破坏团队的合作氛围，怎么解决这个矛盾呢？这就要精心设计考核指标的分解和分配方式。在考核指标的设计上，除了从部门的纵向分解，同时要从流程的横向角度考虑协作，让需要相互协作的员工更多地关注流程的整体交付，从而实现"局部最优"和"整体最优"的结合和平衡。

第三节 绩效管理的激励手段

有的企业做了企业绩效管理但是没效果，只是形式，没有真正的考核价值，导致这些问题的原因可能是很多企业管理者只是看到绩效管理约束员工、处罚员工的一面，却没有看到绩效管理对员工激励、引导、支持的作用。

激励和奖励员工是绩效的主要目标之一。当资源是可见的时，容易监控；人力资源及智力是不可控的，管理的难度增加，激励变得尤其重要；只有通过绩效考核，才有激励和奖励员工的依据，通过一个增强的环路回馈，使高绩效员工保持高绩效，令后进者向往和主动改善绩效。

住在一起的六七个和尚，粥需要分着喝，但如何分却成了难题，每顿一大桶几乎次次不够分。该如何分呢？有人提出大家抓阄来决定，结果每次只有掌管分粥的那个人能喝饱，其他人都有意见。

后来大家推选出一个品行良好、道德高尚的人来分。一开始还能公正，后来有些人为了多分点粥，开始挖空心思去讨好、贿赂这个分粥的人。强权就会产生腐败，再公正的人在利益面前也出现了倾斜，最终整个团队都被搞得乌烟瘴气。

经过一番研究后，大家想出来一个方法：轮流分粥，分粥的人要等其他人都挑完后拿剩下的最后一碗。并且成立一个分粥委员会，由3个或4个人组成委员会进行监督。这样一来，分粥的人每次都尽量分得平均些。这种分法使大家快乐而且和气，日子越过越好。

同样是7个人，不同的分配制度有着不同的风气和结果，显然，这与人性的好坏无关。同样，如果你的企业中存在不良的工作习气，不是员工的人性有问题，而是机制出了问题。基于人性的自私性，以及机制对人性的调节和管控功能，就有了绩效管理制度，通过对员工工作行为，以及取得的工作业绩进行评估将消极被动转化为积极主动，激励员工从内心深处树立起"我要……"的意识，在工作中真正做到"我要……"的行动。

绩效管理就是要坚持引导和激励，通过有效的奖励，将人性光亮的一面放大，并真正展现出来，体现在行动就是主动性和积极性。

激励是手段，激励员工之间竞争固然必要，但相比之下，激发起所有员工的团队精神尤显突出。要使绩效管理发挥最大的激励作用，就需要设定适合的绩效考核目标。

　　黑熊和棕熊喜食蜂蜜，都以养蜂为生。它们各有一个蜂箱，养着同样多的蜜蜂。有一天，它们决定比赛看谁的蜜蜂产的蜜多。

黑熊想，蜜的产量取决于蜜蜂每天对花的"访问量"。于是它买来了一套昂贵的测量蜜蜂访问量的绩效管理系统。在它看来，蜜蜂所接触的花的数量就是其工作量。每过完一个季度，黑熊就公布每只蜜蜂的工作量；同时，黑熊还设立了奖项，奖励访问量最高的蜜蜂。但它从不告诉蜜蜂们它是在与棕熊比赛，它只是让它的蜜蜂比赛访问量。

棕熊与黑熊想的不一样。

它认为蜜蜂能产多少蜜，关键在于它们每天采回多少花蜜。花蜜越多，酿的蜂蜜也越多。于是它直截了当告诉众蜜蜂：它在和黑熊比赛看谁产的蜜多。它花了不多的钱买了一套绩效管理系统，测量每只蜜蜂每天采回花蜜的数量和整个蜂箱每天酿出蜂蜜的数量，并把测量结果张榜公布。它也设立了一套奖励制度，重奖当月采花蜜最多的蜜蜂。如果一个月的蜂蜜总产量高于上个月，那么所有蜜蜂都受到不同程度的奖励。

一年过去了，两只熊查看比赛结果：黑熊的蜂蜜不及棕熊的一半。

黑熊的评估体系很精确，但它评估的绩效与最终的绩效并不直接相关。黑熊的蜜蜂为尽可能提高"访问量"，都不采太多的花蜜，因为采的花蜜越多，飞起来就越慢，每天的"访问量"就越少。

另外，黑熊本来是为了让蜜蜂搜集更多的信息才让它们竞争，由于奖励范围太小，为搜集更多信息的竞争变成了相互封锁信息。蜜蜂之间竞争的压力太大，一只蜜蜂即使获得了很有价值的信息，比如某个地方有一片巨大的槐树林，它也不愿将此信息与其他蜜蜂分享。

而棕熊的蜜蜂则不一样，因为它不限于奖励一只蜜蜂，为了采集到更多的花蜜，蜜蜂相互合作，嗅觉灵敏、飞得快的蜜蜂负责打探哪儿的花最多最好，然后回来告诉力气大的蜜蜂一齐到那儿去采集花蜜，剩下的蜜蜂负责贮存采集回来的花蜜，将其酿成蜂蜜。

虽然采集花蜜多的能得到最多的奖励，但其他蜜蜂也能捞到一点好处，因此蜜蜂之间远没有到人人自危、相互拆台的地步。

制定合理的绩效激励目标可以最大化地发挥员工的积极性。目标就是期望的成果，不管是个人、部门还是整体努力的结果。目标不仅仅为管理决策层指明方向，还可以为员工提供一种衡量实际绩效的标准，目标管理的考核方法能对员工产生巨大的激励作用，目标确定后，它能使员工明确方向看到前景，因而能起到鼓舞人心、振奋精神和激发斗志的作用；而在目标执行的过程中，由于制定目标具有先进性和挑战性，因而有利于激发员工的积极性和创造性；当管理层和员工实现目标后，由于愿望和追求得到满足，员工也看到自己的工作成绩，会从心理上产生一种满足感和自豪感，这样就会激励员工以更大的热情和信心去承担新的任务以达到新的目标，形成良性循环体系。

通常在企业中，对于不同性质的职位会采用不同的薪酬制度，职务所承担企业运营的权重决定了薪酬的差异性，而职位价值则决定了薪酬中比较稳定的部分，也就是俗称的基础工资部分，然而绩效则决定了薪酬中变化的部分。目前大部分企业中薪酬仍在激励机制中占有非常重要的比重，因此，绩效考核不仅为制定薪酬水平提供了标准，同时也是影响激励效果的重要因素。

科学合理的绩效考核，应结合企业的用工机制及运营模式，建立起有效灵活的晋升、奖励等激励机制，并做到公正与公平原则，通过奖励、晋升来激励员工勤奋工作，尽可能地降低其负面影响。绩效考核的最终评估结果作为企业员工培训、职位晋升、物质奖励等激励机制强有力的依据。客观、公平、公正的绩效考核的原则是对事不对人，全面公平地评估每一位员工的工作，是对员工努力工作自我价值的实现。因此，企业建立合理、公平、公正的绩效考核体系对于激励机制的完善就显得特别重要。

华为在招收人才方面许以高待遇，一名刚毕业的硕士可以拿到年薪10万元。另外，华为坚持"知识资本化"，员工可以分得自己的股份。

2001年前华为处在高速上升期，华为原薪酬结构中股票发挥了极其有效的激励作用，那段时间的华为有种"1+1+1"的说法，即员工的收入中，工资、奖金、股票分红的收入是相当的。员工凭什么能获得这些？凭借的是他的知识和能力，在华为，"知本"能够转化为"资本"。

任正非的理论是：知识经济时代是知识雇佣资本，知识产权和技术诀窍的价值和支配力超过了资本，资本只有依附于知识，才能保值和增值。

把知识转化为资本，知本主义实现制度是华为的创新。其表现在股权和股金的分配上，股权的分配不是按资本分配，而是按知本分配，即将知识回报的一部分转化为股权，然后通过知本股权获得收益。任正非在其题为《天道酬勤》的演讲稿中谈道："公司创业之初，根本没有资金，是创业者们把自己的工资、奖金投入到公司，每个人只能拿到很微薄的报酬，绝大部分干部、员工长年租住农民房，正是老一代华为人'先生产，后生活'的奉献，才使公司挺过了最困难的岁月，支撑了公司的生存、发展，才有了今天的华为。当年他们用自己的收入购买了公司的内部虚拟股，到今天获得了一些投资收益，这是对他们过去奉献的回报。我们要理解和认同，因为没有他们当时的冒险投入和艰苦奋斗，华为就不可能生存下来。我们感谢过去、现在与公司一同走过来的员工，他们以自己的泪水和汗水奠定了华为今天的基础。更重要的是，他们奠定与传承了公司优秀的奋斗和奉献文化，华为的文化将因此生生不息，代代相传。"

在华为的管理顾问、中国人民大学的专家教授们在为华为制定《华为公司基本法》的过程中，对于华为更加注重知识的这种经营管理观念作了进一步的概括和提升，明确地提出了"知本主义"的概念。任正非对此十分赞同，他认为，高科技企业使用知本（或知识资本）的概念很准确，我们就是"以知为本"。中国人民大学的学者对"知本主义"作了详细、清楚的阐述，概括起来，所谓知本主义主要有这几方面的内涵：

1. 认为知识是高科技企业的核心资源和价值创造的主导要素

知本主义理念首先是强调知识、知识劳动的特殊地位与作用。在《华为公司基本法》中明确提出："我们认为，劳动、知识、企业家和资本创造了公司的全部财富。"知本主义理念不但把知识作为企业价值创造要素中的一个独立要素，公开承认知识与资本一样是企业价值的创造源泉，而且把它排在优先于资本的重要位置上，强调"人力资源不断增值的目标优先于财务资本增值的目标"。

要明白，在当今的高科技企业里，人力资本增值主要提的就是员工知识资本的增值。

2. 主张给创造价值的知识劳动以合理的回报

知本主义理念承认知识劳动的剩余价值，认为高科技企业中由利润转增的资本不应全部归最初的出资者，而认为知识和资本一样，在价值创造中都做出了贡献，应给予知识劳动者以合理的回报。《华为公司基本法》中第五条就明确指出："努力探索按生产要素分配的内部动力机制。……奉献者定当得到合理的回报。"

3. 主张通过知识资本化来实现知识的价值

理论界和企业界都在积极探索知识价值的有效实现形式。知本主义主张通过知识资本化来实现知识的价值。《华为公司基本法》明确提出："用转化为资本这种形式，使劳动、知识以及企业家的管理和风险的积累贡献得到体现和报偿；……知识资本化与适应技术和社会变化的有活力的产权制度，是我们不断探索的方向。"

华为实行全体员工持股制，通过股权和股金的分配来实现知识资本化。正是基于这一理念，华为把机会、人才、技术和产品看成是公司成长的主要牵动力，形成一个以机会牵引人才、人才牵引技术、技术牵引产品、产品牵引更大的机会的良性循环反应。在这种牵引力的连锁反应中，人才所掌握的知识处于最核心的地位，而资本则被搁置在牵引力之外，从而充分表现了知识至上、以知为本的理念。

2014 年，任正非在接受媒体采访时说道："不是我把自己的股权分给了员工，让自己成不了大富翁。而是这么多员工团结奋斗，让公司成功了，大家一起来分享。这些创造者除了分享工资、奖金、福利，还分享了公司股权。

"传统经济学中不断讲解，股东对未来长期富有信心，他们不谋求短期利益，这是讲义。真实的情况，股东更谋求短期的收益，这就是西方公司后来落后华为的原因。华为把股东、创造者绑在一起，形成长远眼光，不忙于套现，形成了战略力量，造就了华为的今天。"

第四节 绩效管理的导向作用

"人会去做受到奖励的事"，评价体系的水平决定了团队的实力。当成员采取了组织所不希望看到的行动时，我们要反思，是不是激励机制鼓励他们这么做的。举个例子，如果评价上对于失败的案例没有进行认真的回溯，对捂盖子、报喜不报忧的信息扭曲行为也没有进行校正，实践中就难免持续存在。记得王小波说过一个花剌子模的故事，说花国有这样一个游戏规则：凡从前线带来好消息的信使，会受到嘉奖；凡从前线带回坏消息的信使，会被喂老虎。于是信使们纷纷编造谎言，然后携金私逃。

真正牵引员工的不是那些文化中宣传的东西，而是那些在绩效评价中体现的东西。如果敢说真话即使观点待商榷的行为能得到客观认可，武断打压的作风能得到有效控制，一言堂和明哲保身自然会淡出舞台，信息的质量就可以得到保障。否则的话，自我批判流于形式，没有和评价真正挂钩的文化建设，是缺乏实效的。

下面是历史上一个绩效导向的著名案例。

18世纪末期，英国政府决定把犯了罪的英国人统统发配到澳洲去。一些私人船主承包从英国往澳洲大规模地运送犯人的工作。英国政府实行的办法是以上船的犯人数支付船主费用。当时那些运送犯人的船只大多是一些很破旧的货船改装的，船上设备简陋，没有什么医疗药品，更没有医生，船主为了牟取暴利，尽可能地多装人，使船上条件十分恶劣。一旦船只离开了岸，船主按人数拿到了政府的钱，对于这些人能不能远涉重洋活着到达澳洲就不管不问了。有些船主为了降低费用，甚至故意断水断食。3年以后，英国政府发现：运往澳洲的犯人在船上的死亡率达12%，其中最严重的一艘船上424个犯人死了158个，死亡率高达37%。英国政府费了大笔资金，却没能达到大批移民的目的。

英国政府想了很多办法。每一艘船上都派一名政府官员监督，再派一名医生负责犯人和医疗卫生，同时对犯人在船上的生活标准做了硬性的规定。但是，死亡率不仅没有降下来，有的船上的监督官员和医生竟然也不明不白地死了。原来一些船主为了贪图暴利，贿赂官员，如果官员不同流合污就被扔到大海里喂鱼了。政府支出了监督费用，却照常死人。

政府又采取新办法，把船主都召集起来进行教育培训，教育他们要珍惜生命，要理解去澳洲去开发是为了英国的长远大计，不要把金钱看得比生命还重要。但是情况依然没有好转，死亡率一直居高不下。

一位英国议员认为是那些私人船主钻了制度的空子。而制度的缺陷在于政府给予船主报酬是以上船人数来计算的。他提出从改变制度开始：政府以到澳洲上岸的人数为准计算报酬，不论你在英国上船装多少人，到了澳洲上岸的时候再清点人数支付报酬。

问题迎刃而解。船主主动请医生跟船，在船上准备药品，改善生活，尽可能地让每一个上船的人都健康地到达澳洲。一个人就意味着一份收入。

自从实行上岸计数的办法以后，船上的死亡率降到了1%以下。有些运载几百人的船只经过几个月的航行竟然没有一个人死亡。

这个故事告诉我们：绩效考核的导向作用很重要，企业的绩效导向决定了员工的行为方式，如果企业认为绩效管理是惩罚员工的工具，那么员工的行为就是避免犯错，而忽视创造性。忽视创造性，就不能给企业带来战略性增长，那么企业的目标就无法达成；如果企业的绩效导向是组织目标的达成，那么员工的行为就趋于与组织目标保持一致，分解组织目标，理解上级意图，并制订切实可行的计划，与上级达成绩效合作伙伴，在上级的帮助下，不断改善，最终支持组织目标的达成。

以前华为为了生存，制定了以销售为导向的考核要素，待遇向一线倾斜的精神，导致有能力的人不到策划部来，策划部也留不住有能力的人。

为了解决这种状况，任正非强调均衡发展。任正非在其《华为的冬天》一文中这样写道："要坚持均衡发展，不断地强化以流程型和时效型为主导的管理体系的建设，在符合公司整体核心竞争力提升的条件下，不断优化你的工作，提高贡献率。为什么要解决短木板呢？公司从上到下都重视研发、营销，但不重视理货系统、中央收发系统、出纳系统、订单系统等很多系统，这些不被重视的系统就是短木板，前面干得再好，后面发不出货，还是等于没干。因此全公司一定要建立起统一的价值评价体系，统一的考评体系，才能使人员在内部流动和平衡成为可能。比如有人说我搞研发创新很厉害，但创新的价值如何体现，创新必须通过转化成商品，才能产生价值。因此要建立起一个均衡的考核体系，才能使全公司短木板变成长木板，木桶装的水才会更多。"

第五节 考核设定范围要合理

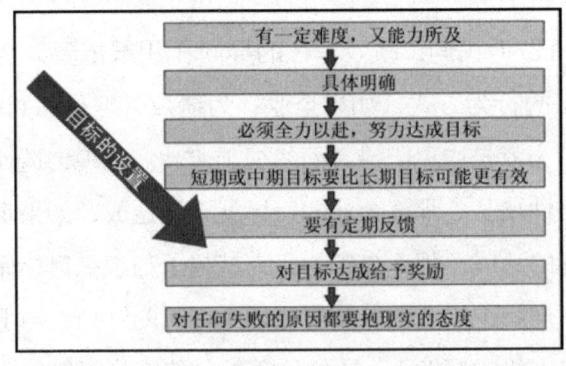

话说，唐僧团队乘坐飞机去旅游，途中，飞机出现故障，需要跳伞，不巧的是，四个人只有三把降落伞，为了做到公平，师父唐僧对各个徒弟进行了考核，考核过关就可以得到一把降落伞，

考核失败就自由落体，自己跳下去。

于是，师父问孙悟空："悟空，天上有几个太阳？"悟空不假思索地答道："一个。"师父说："好，答对了，给你一把伞。"接着又问沙僧："天上有几个月亮？"沙僧答道："一个。"师父说："好，也对了，给你一把伞。"八戒一看，心里暗喜："啊哈，这么简单，我也行。"于是，摩拳擦掌，等待师父出题，师父的题目出来，八戒却跳下去了，大家知道为什么吗？师父出的问题是："天上有多少星星？"八戒当时就傻掉了，直接就跳下去了。这是第一次旅游。

过了些日子，师徒四人又乘坐飞机旅游，结果途中，飞机又出现了故障，同样只有三把伞，师父如法炮制，再次出题考大家，先问悟空："中华人民共和国哪一年成立的？"悟空答道："1949年。"师父说："好，给你一把伞。"又问沙僧："中国的人口有多少亿？"沙僧说："13亿。"师父说："好的，答对了。"沙僧也得到了一把伞，轮到八戒，师父的问题是，13亿人口的名字分别叫什么？八戒当时晕倒，又一次以自由落体结束旅行。

第三次旅游的时候，飞机再一次出现故障，这时候八戒说："师父，你别问了，我跳。"然后纵身一跳。师父双手合十，说："阿弥陀佛，殊不知这次有四把伞。"

这个故事说明绩效考核指标值的设定要在员工的能力范围之内，员工跳一跳可以够得着，如果员工一直跳，却永远也够不着，那么员工的信心就丧失了，考核指标也就失去了本来的意义。

很多企业在设定考核指标的时候，喜欢用高指标值强压员工，这个设计的假设是如果指标值设定得不够高的话，员工就没有足够的动力。另外，用一个很高的指标值考核员工，即便员工没有完成100%，而只是完成了 80%，也已经远远超出企业的期望了。这种逻辑是强盗逻辑，表现出了管理者的无能和无助，只知道用高指标值强压员工，殊不知，指标背后的行动计划才是真正帮助员工达成目标的手段，而指标值本身不是。其实，设定一个员工经过努力可以达到的指标值，然后，帮助员工制订达成目标的行动计划，并帮助员工去实现，才是管理者的价值所在，管理者做到了这一点，才是实现了帮助员工成长的目标，才真正体现了管理者的价值！

目标设定理论提出，目标是一个人试图完成的行动的目的。目标是引起行为的最直接的动机，设置合适的目标会使人产生想达到该目标的成就需要，因而对人具有强烈的激励作用。重视并尽可能设置合适的目标是激发动机的重要过程。

目标设置理论（Lock & Latham，1990）对于目标的设置有这样的建议：

1. 目标要有一定难度，但又要在能力所及的范围之内。

2. 目标要具体明确（例如，对于写一篇文章来说，完成 70% 要比仅仅试着做做要好得多）。

3. 必须全力以赴，努力达成目标。如果将你的目标告诉一两个亲近的朋友，那么，就会有助于你坚守诺言。

4. 短期或中期目标要比长期目标可能更有效。比如，下一星期学完某一章节，可能比两年内拿一个学位的目标好很多。

5. 要有定期反馈，或者说，需要了解自己向着预定目标前进了多少。

6. 应当对目标达成给予奖励，用它作为将来设定更高目标的基础。

7. 在实现目标的过程中，对任何失败的原因都要抱现实的态度。人们有将失败归因于外部因素（如运气不好），而不是内部因素（如没有努力工作）的倾向。只有诚实对待自己，将来成功的机会才能显著提高。

刚到华为时，作为人力资源部负责招聘工作的孙维（化名）并没有体验过一次真正的绩效考核。当时的华为对于孙维这样的人，只关注其有没有及时填补公司的岗位空缺，招聘成功率及新聘员工的离职率等考核指标基本不会出现在孙维的工作范围之内，定性的考核指标让孙维对考核结果几乎漠不关心。

看似对孙维有利的"糊涂工作状态"却遭到了抱怨："我与同事的上升空间和年终奖励好像更多的是依照上司的心情而定"。孙维渴望也能像业务部门一样在年终时拿到一张清晰的绩效考核单。

华为在懵懂中摸索着自我改变，这让孙维的愿望变成了现实。

事情微妙地发生了变化，2001 年前后，孙维发现，工作指标越来越细化了，任务书里开始有一些对工作任务的清晰描述。

2006 年 3 月，孙维拿到的主要考核指标有三项：一是满足公司某研发部门新产品研发人手不足的需求；二是完成人力资源管理工作；三是完成对某销售部门新进员工的入职培训。

可以看出，这三个指标是从不同角度为孙维设置的。

第一个指标是从公司目标的角度自上而下往下分解、支撑公司战略。为了协助公司新业务的发展，人力资源部必须提供人员数量、质量支持，对 HR 考核的是招聘率的对应，人员是否按时到位？新聘员工素质是否符合业务需求？新聘员工会否在短时间内离职？这些成为考核孙维的关键指标。

第二个指标基于岗位职责，职能部门岗位工作的一大特点是与战略结合不是非常紧密，但每个岗位还是有其突出贡献表现方式的，这些表现方式就可作为一个关键指标来考核。孙维说，作为人力资源经理，他的日常工作是保证部门的正常运行。"这里面会细分出很多量化的指标来，包括公司人力资源信息的定时上报、人力资源管理成本削减多少等等。"

　　第三个指标基于流程或客户，职能部门是保证生产销售部门服务质量的，与这些业务部门组成完整的流程，如果某部门提供的服务质量没有跟上，可能就会造成业务部门的滞后。"如果没能及时完成对新进员工的入职培训，肯定会影响销售部门在 4 月份的市场销售业绩。"孙维说。

　　目前，在华为考核职能部门的关键业绩指标，一般是按这三个方向来确定。

IBM绩效管理六项原则

双向沟通原则

在执行环节需要持续不断的沟通，在其他环节同样如此：计划需要管理者与员工共同参与，达成共识，形成承诺；评估需要就绩效进行讨论，形成评估结果，员工在对评估结果有不同意见时应有可以向更上层申述的通道；不论将结果用于薪酬、职位变动还是职业生涯发展，都应与员工进行明确的沟通。IBM采用薪酬保密制度，但是，在薪酬的构成、支付方式、奖金计算方式等方面与员工进行明晰的沟通。

沟通是理解的桥梁，而理解是合作的基础。无论是同事与同事之间，还是领导与员工之间，只有建立了充分的理解，才能使我们更好地合作，使公司的工作氛围更加和谐，工作效率更高。IBM鼓励每一位员工与他们的直接经理乃至更高领导层坦诚相待，告诉经理们困扰员工的问题，直呈员工的意见或建议。经理们会认真倾听、回答并为你解决问题。IBM的文化中特别强调双向沟通（Two Way Communication），不存在单向指令和无处申诉的情况。至少有四条制度化的通道可以使员工顺畅地提出个人看法。这四条特别通道，是建立在IBM基本的企业文化基础上的，充分体现了公司尊重员工，尊重个人的企业信条。

透明原则

对员工来说，管理上的透明，首先可以满足员工的"知情权"，能让员工知道目前成就及如何做得更好，容易让员工有成就感并愿意接受挑战，激发大家的工作热情和斗志。IBM要求业绩评估的结果由主管和经理直接在第一时间与员工沟通，以提供信息，消除猜忌。

透明的业绩考核可以使员工之间以公正、公开、透明的方式进行交往和沟通，大大提高工作效率；以目标执行之成就来处理员工在公司之得失（薪酬，级别等）。不同绩效表现的员工待遇不同，奖励那些对公司有贡献，做了超出工作职责范围的优秀员工。对公司而言，可以从制度和流程上确保公平对待员工，减少不平之鸣，进而降低冲突，达到留才目的。

正面激励原则

考核的目的是为了更好的激励，因为并非所有员工必然地正确、勤奋地在合适的时间做正确的事情。员工需要被肯定和激励——因为他们给企业创造了价值做出了贡献而受到奖励，并被鼓励去改进其他有待改善的业务和流程。

IBM对员工采取积极的激励政策，基本上没有惩罚的方式。在IBM不允许从工资中扣任何的惩罚款项；工作做得好，PBC评估结果好，在奖金分配和薪金调整上就会有体现，否则，奖金没有可能，工资也涨不了，员工自然会意识到，没有获得涨工资或晋升，就等于被惩罚。这种激励文化是建立在IBM高素质员工的基础上的，员工的自我实现意识都很强，对企业文化的认同感很高，清晰的PBC评估使大部分人都积极进取，如果自己的工作业绩没有达到承诺的目标，没有得到激励，就意味着自己做得没有其他同事好，对企业的贡献不大，自己存在的价值受到挑战，员工会在自我进取的压力下主动调整自己，更加努力工作，实在无法适应，会选择辞职另谋发展。

指标精练原则

复杂的事情简单做，最简单的往往是最本质的。设定三五个绩效指标所得到的绩效结果远比设定十个或者更多无所不包的绩效指标效果要好。IBM一般最关注销售收入、存货周转、产品质量、客户满意度和利润等几个指标。

强调执行原则

绩效管理中强调沟通，常常会被歪曲并导致部分语言表达能力好、人际关系好、拥有资源多或影响力强的人或业务单元获得更好的评估结果。这些人常常可以把"想"做什么事表达得非同一般。对此,IBM绩效管理的原则是,永远根据员工所完成的承诺进行评估，而不仅仅是报告上所说的。注重看结果，而较少关注过程表达。

建立健康绩效管理文化

绩效管理是一种结果导向的管理活动，其最终目标是建立高绩效的企业文化，营造具有激励作用的工作氛围。企业的成功，在于扎扎实实把简单的事情尽可能地做好，绩效管理也是如此。

绩效考核除了考核本身所需要的考核方法及指标体系外，考核的实施需要明确的企业目标和相应的企业文化作为前提条件。

在企业管理中，任何一种制度的实施，在很大程度上取决于员工真正理解和认同这项制度的价值，如果企业实行一项制度，却将员工推到抵触和不合作的对立面，真正的沟通是无法建立的，只会造成相互的不信任。好的沟通渠道能够形成通达的企业氛围，员工和企业制度形成互动，就可以激发员工的潜能，改进流程，这将从根本上创造一个企业的价值。

（本文摘编自《IBM 的 PBC 通透的绩效管理文化》；作者：旭东；来源：《首席财务官》，2010）

考核导向体系

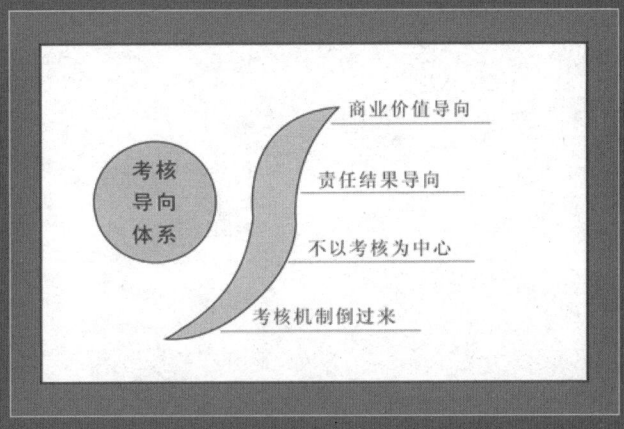

"我们的待遇体系，是基于贡献为准绳的。我们说的贡献和目标结果，并不完全是可视的，它有长期的、短期的，有直接的、间接的，也包括战略的、虚的、无形的结果。"

——任正非

华
为
的
绩
效
管
理

第一节 商业价值导向 ▶▶▶▶

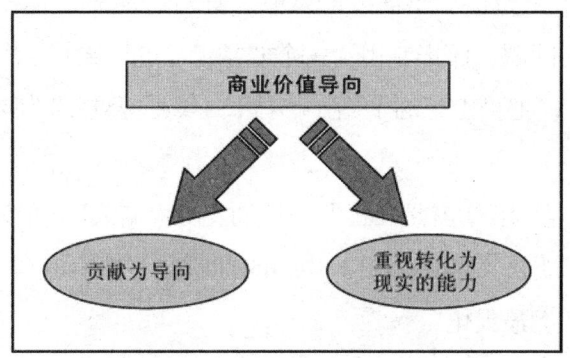

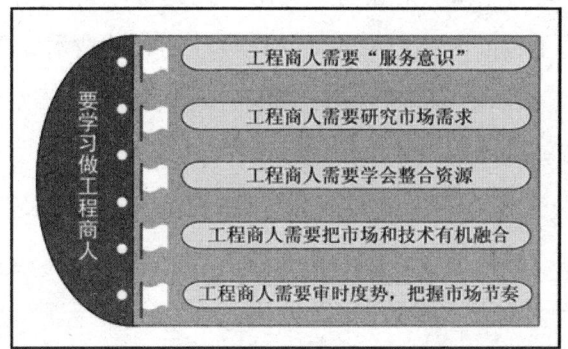

"紧紧抓住产品的商品化，一切评价体系都要围绕商品化来导向，以促使科技队伍成熟化。我们的产品经理要对研发、中试、生产、售后服务、产品行销……负责任，贯彻了沿产品生命线的一体化管理方式。这就是要建立商品意识，从设计开始，就要构建技术、质量、成本和服务的优势，这也是一个价值管理问题。"任正非强调华为的工作开展及绩效评价都要以商品化为导向。这体现了华为在执行上最朴素的要求

"满足客户需求"，为公司创造价值。

贝尔公司研发了半导体的产品，瑞士则是第一个开发出精工表的国家，但它们都没能像日本那样，将技术成功地转化为商品，获取应有的市场价值。正如华为人说的那样，技术是用来卖钱的，卖出去的技术才有价值。

华为要求不做市场不需要的发明。针对产品研发偏重技术而非市场需求导向的问题，任正非用了一个非常形象的比喻："华为没有院士，只有'院士'，把'士'的下面一横拉长一点。要想成为院士，就不要来华为。"

这里的"院士"，就是任正非常说的"工程商人"。华为倡导的"工程商人"，本质含义是什么呢？华为的理解是"抛弃纯粹的技术倾向，谋求产品的利润最大化"。

"工程师文化"和"工程商人文化"究竟有什么差异？怎么样才能做一个合格的工程商人呢？工程师文化关注的是纯技术导向，有着非常强烈的技术倾向。而工程商人文化需要工程师把产品研发看成"投资"行为，而投资就要考虑投入产出比。

要学习做工程商人，就要学着经营产品。这就要求工程师具有更多的商人思维，具体而言，应表现在以下几个层面：

1. 工程商人需要"服务意识"。

2. 工程商人需要研究市场需求。

3. 工程商人需要学会整合资源。

4. 工程商人需要把市场和技术有机融合。

5. 工程商人需要审时度势，把握市场节奏。

华为内刊《华为人》中曾记载了这样的一个事例："我们从经济学的角度来看，也许会有些新的启示。发明是一项实践的科学，也是一项机会成本很高的投资，一个发明往往动辄就需要进行上千次试验，还不一定能成功，这除了需要发明家的灵感与毅力之外，也要耗费大量的金钱，这也是很多伟大的发明不是出自大学或研究院而来自工业界的原因。

"爱迪生不是一个纯粹的科学家，他所进行的发明都有很明显的功利目的；但他又不是一个纯粹的商人，他赚钱的目的是为了支撑其发明事业。爱迪生以市场需要、实用性为导向的发明原则，为他带来了可观的收入，保证了其发明事业的可持续性，使他能以发明养发明，犹如活水而源源不断。

"1868 年，爱迪生获得了第一项发明专利权——一台自动记录投票数的装置。爱迪生认为这台装置会加快国会的工作，它会受到欢迎。然而，一位国会议员告诉他说，他们无意加快议程，有时候慢慢地投票是出于政治上的需要。从此以后，爱迪生决定，再也不搞人们不需要的任何发明。"

华为是电信设备制造商，在华为，无论是做系统架构的，还是做应用软件开发的，研发人员喜欢把自己叫通信工程师，华为的资深研发工程师对电信运营业务了解的深度，与电信运营商相比相差无几。在产品设计时，他们关注的焦点不是技术的先进性，而是产品的可用性，客户的满意度。因此，在日常工作中，研发人员与市场销售人员、与客户的交流是相当频繁的。

在华为的发展历程中，有一次惨痛教训是华为人永远忘不掉的。

1992 年，郑宝用带领着十几个开发人员，准备开发局用机。当时，他们只有开发模拟空分用户机的经验，对开发局用机则一无所知，于是决定开发模拟空分局用交换机，并命名为 JK 1000。

1990 年，中国的固定电话普及率只有 1.1%，排名世界 113 位。1992 年，华为预测，按照中国电信产业的总体目标，2000 年固定电话普及率在 5%~6% 之间，因此，先进的数字程控交换机在中国不适用。

结果，事实并非如此，到 2000 年时，中国固定电话普及率比预想的数据高出 10 倍之多，这注定了 JK 1000 的命运。

1993 年年初，在华为投入了全部的开发力量和巨额的开发费用后，JK1000 成功问世，并在 5 月份获得了邮电部的入网证书。在市场推广上，华为也志在必得。

然而 1993 年年底，数字程控技术得到普及，华为的 JK 1000 空分交换机刚推出就面临了没有市场的危险局面，很快市场便被数字程控交换机取代了。

这次惨痛的经历让任正非意识到华为的研发执行团队必须从技术驱动转变成市场驱动，紧紧抓住产品的商业化，坚持不研发"卖不掉的世界顶尖水平"。任正非要求华为员工不能像早期的贝尔公司那样，只懂得研发新技术，不懂得将技术转化成商品。

工作要以成果为导向，并不只是要求研究部门要以商品化为导向，更是要求所有部门及员工都要以商品化的思维去组织工作。只有这样，才能够充分发挥整体合力的优势，实现最终产品（服务）的商品化目标。华为无论在市场拓展还是研发上，都充分发挥各部门的合力优势，占领市场。

1996 年中国电信市场上接入网产品的机会点突然出现，邮电部允许原交换机局通过 V 52 技术接口带其他厂家的用户模块。但是一开始华为中研部的接入网产品发展得并不好，原因是接入网产品与交换机业务部的远端模块冲突，而当时交换机业务部又是华为中研部第一大部门。由于起初只是在一个部门发展，接入网产品的内部研发资源得不到保障，研发进度较慢。眼见着老对手中兴的接入网产品在市场上的占有率大为提升，新对手 UT 斯达康也借接入网产品在中国市场上发展起来，华为公司市场部频频向公司总部告急。任正非把当时的中研部总裁李一男叫去狠狠地批评了一顿。1996 年年底，中研部专门成立了由多媒体业务部、交换机业务部、传输业务部、无线业务部共同参与的跨部门接入网新产品攻关项目组，以求资源共享，发挥产品和技术间的组合优势，增强核心竞争力。各个业务部均安排核心骨干人员参加项目组，在项目组的统一安排下进行集体技术会战和技术资料的统一制作。除骨干人员参加外，各业务部对接入网产品的相关内容也进行了会诊，并针对接入网的版本做了新的开发跨部门项目组成立后，华为公司在三个月的时间内，就一举突破了新产品的关键技术问题，而且在如何创新地组建接入网络，发展电信新业务（如 ETS 无线接入、会议电视等）方面，率先提出并实现了新的业务应用。华为各业务部的通力配合使得华为公司无论在功能上还是在成本上都有差异化竞争力的接入网新产品出现。

华为中研部的接入网产品起初发展并不好，这是因为中研部独自开发，未能进行资源和信息共享，导致研发的产品无法与其他模块对接。在后来建立了跨部门的研发团队，从各方面需求进行会诊，确定最佳接入网产品设计方案，最终一举突破了关键技术问题。可见业务执行要以成果为导向的重要性，不考虑成果，只能无谓地浪费资源和机会。

在华为，为了更好地推动商品化导向的执行思维和行动力发展，所有的工作都要遵守和接受以结果能作为要素。

贡献为导向

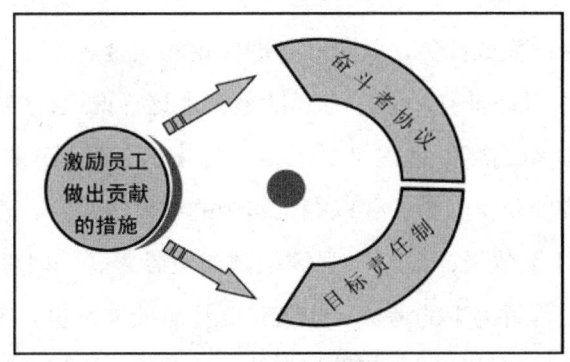

　　考核尺度把握不准。在对员工考核时，对于平时话不投机、交流很少的员工缺乏必要的了解，往往凭主观印象武断地给出成绩，此类员工也知道自己和主管在沟通方面存在障碍或者认为不屑于和此类主管沟通，往往对考核结果听之任之，有不满也只是默默承受，除非是到了无法忍受的时候，否则不会出现拒绝签字、投诉之类的爆发行为。反之，平时和主管非常投机的员工在考核时往往得到青睐，即使偶尔有不满意的考核结果他也能和主管理论个所以然来，主管往往念及平时的关系要么更改考核结果要么承诺下次重点考虑云云。对考核尺度的把握不准直接造成了对"按劳分配"的侵犯和对团队士气的伤害。

　　"我们要以贡献来评价薪酬。如果说这人很有学问，里面装了很多饺子，倒不出来，倒不出来就等于实际上没有饺子，企业不是按一个人的知识精确收入，而是以他拥有的知识的贡献度来确定的。"2000年，任正非就曾这样对员工说过。

　　唯有贡献，才会有好的报酬。华为不断为员工提供着成为奋斗者的机会。

　　1. 奋斗者协议。华为会与13级以上的员工签订奋斗者协议，内容包括组织安排去一些艰苦的地方等。员工签署协议则会有5万元的奖金，还会享有加薪、优先配股等待遇。

　　2. 目标责任制。员工可以与公司签订项目目标责任书，只要在期限内保质、保量完成任务，就可以领取预定的奖金。

　　2009年，任正非在后备干部总队例会上这样说道："知识是劳动的准备过程，劳动的准备过程是员工自己的事情，是员工的投资行为。"这种投资行为要获得回报，要以在实践中的结果做检验。

　　任正非注重效果，他除了强调绩效与贡献外，同时他还要求关注在关键事件过程行为上的考核，也就是既注重效果，也参考关键事件的过程，让员工更好地处理种庄稼与打粮食的关系，更好地解决短期效益与长期效益的关系，更好地平衡眼前收益与未来发展的关系。

2005 年，华为 EMT（经营管理团队）的会议中这样记载道："公司给员工的报酬是以他的贡献大小和实现持续贡献的任职能力为依据，不会为员工的学历、工龄和职称以及内部'公关'做得好支付任何报酬，认知不能作为任职的要素，必须看奋斗精神，看贡献，看潜力。"

2012 年，任正非在基层作业员工绝对考核试点汇报会上讲话："基层员工的考核，劳动成果放在第一位，劳动技能放在第二位。"

早在 1996 年，华为的会谈纪要中就有着这样的记载："作为一个公司，我们追求的不是先进性而是商业性，这与学校的学术研究是有区别的。你们认为很有学问的人，在我们公司可能待遇并不高；你们认为并不是很有学问的人，在我们公司可能待遇很好。因为我们的评价体系不一样。学校是以学术来作为评价体系的标准，我们是以商业性来作为评价体系的标准，两个不同评价体系不可能产生混合。"

任正非更是强调："我们要培养商人，不是培养教授，不要搞学术论文。我们的价值评价体系要调整，涨不涨工资要看你是否为公司创造利润，而不是看你的学术论文有多好。""公司对人的评价是现实的，不在你理想有多大，而在于你的实际贡献。"

华为给员工定报酬向来都是不看职位而是看贡献的。任正非指出："进入华为并不意味着高待遇，因为公司是以贡献定报酬，凭责任定待遇的。对于新来的员工，因为没有记录，晋升较慢。"在任正非看来，一个人拿多少报酬，要凭自己的真本事。实际上这体现了一种公平竞争的原则，不论资排辈、不投机取巧，只要做出贡献，人人都可以拿到高薪。正是这种激励观念及机制，激励着一代又一代的华为人。

华为为了鼓励更多的奋斗者，创造更多的奋斗者，坚定不移地执行按贡献大小拿待遇。任正非指出："我们从来不强调按工龄拿待遇。调薪时经常有人说，'工资好几年没涨了，是否要涨一点工资'。我说这几年你的劳动质量是否进步了？你的贡献是否大了？如果没有，为什么要涨工资？我们有的岗位的职级要封顶。有些岗位的贡献没有变化，员工的报酬是不能随工龄增长而上升的。我们强调按贡献拿待遇，只要你的贡献没有增大，就不应该多拿。"

任正非认为没有贡献的人，是没有资格涨工资、分配股票的。公司多了"不打粮光吃饭的人"不仅成本负担会越来越大，更重要的是，这些人占用了宝贵的资源，直接降低了公司所创造的价值。同时，这类人的出现，潜在地"营造"了一个不公平的环境，使更多的人不愿意付出。

重视转化为现实的能力

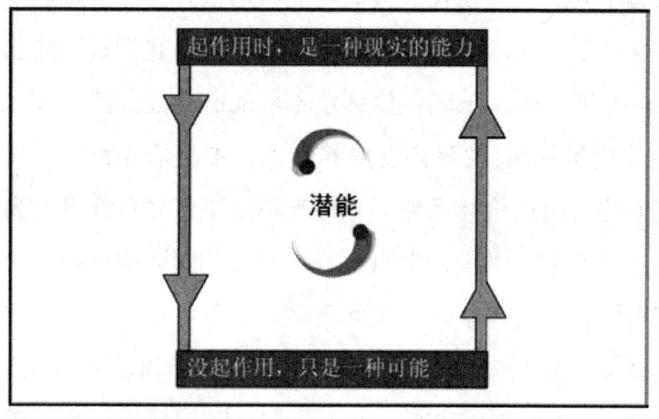

1997 年之前，华为由于没有人事权，主要是去人才市场招聘员工，每次都要事先在报纸上打广告，然后派人去现场面试。当时，电信人才异常缺乏，社会上的人才市场根本无法满足华为所需要的专业人才，往往是派去了五六个工作人员，面试了上百人，最终只有五六个符合要求。1998 年之后，已经取得了人事权的华为公司，每年都要启动大规模人才招聘计划，在北京、上海、西安等地主要媒体做广告，在著名高校召开招聘专场。1998 年，华为一次性从全国招聘了 800 多名应届毕业生，这是华为第一次大规模招聘应届毕业生；1999 年，一次性招聘 2000 名大学应届毕业生；2000 年，总共招聘了 4000 名应届毕业生；2001 年，华为到全国著名高校招聘最优秀的学生，最后实际招聘了 5000 多人。

尽管华为对人才十分渴求，并在招聘的时候主要集中在著名高校，但华为对著名高校的学生还有个特殊要求，那就是"名牌学校前几名学生华为不要"。这个原则似乎伤了国内众多知名高校"尖子生"的自尊心，但任正非有自己的理由。他认为："名牌高校的前几名学生知识储备很好，能力自然也很强，但是，这种学生对自身的期望也很高，甚至有着严重的自恋、自大情结。经常以自我为中心的学生，到华为后很难适应华为的艰苦生活，很难做到以客户为中心，很难按照华为的要求，从基层做起，从小事做起。这个规律在华为多年来的招聘经验中已经有所证实。但是，这并非是绝对的，仅仅是华为招聘应届毕业生的一个参考。"

因此，相比那些有学问的人，任正非更愿意选拔有潜力的人，培养他们成为华为的骨干力量。任正非的做法是明智的，他放弃了有学问的傻瓜，因而才培养出了一大批愿意从基层做起，从小事做起的华为人，他们在华为扮演着"泥瓦匠"的角色。

任正非认为：潜能只是一种可能性，一个人具有的潜能，如果在一个相当长的时间里持续存在，当它起作用时，它才是一种现实的能力；当它没起作用，或始终没有发挥作用，它只是一种可能，只有将它的潜能充分发挥出来，做出成绩与贡献，它才能转变成实现了的潜能——现实的能力，所以，潜能与现实的能力并不等同。

任正非这样说道："潜能不能拿来当饭吃，只有拿去做出贡献才可能产生价值。认知能力不能作为要素确定员工的命运，就是我们讲的茶壶中的饺子，倒不出来，不产生贡献，就不能承认。要通过奋斗，形成结果，才能作为要素。"

任正非心目中的能力不是潜能，而是一种转化成现实的能力，他心目中的素质也不只是表面上的学历、认知能力等，更强调的是品德与工作能力，贡献和结果。

2005年，任正非在回应美国《时代》周刊将他评选为"全球最具影响力的20位企业家"之事时写道："我大学只读了三年，因为发生了'文化大革命'，而结束了学业。到部队只是个团级干部，参加工作后，也仅仅从事一般性的行业，也就是大家下军棋时的工兵。1984年从军队转业时，仅是普普通通的技术副团职。"他这样做的目的，主要是要澄清美国媒体炒作说他是解放军上将，说华为公司是共产党的公司，有国家、军队支持，要不企业怎么能办得那么好啊？等等。

当时有几位华为高层领导都认为任正非这样说自己太谦虚了，太贬低自己了。任正非并不这么看，他说："我说我大学只读了三年，但我没说我没水平，没有意志力，没有品德，没有胸怀，光看那点学历怎么行？"

华为曾有一位博士向任正非提出要在公司内部成立一个博士协会，任正非知道后说："那是个'反动'组织，博士协会就是排斥其他人，难道后天进步了的人就不行吗？像邓小平与毛泽东这样的伟人都不是博士，难道博士协会要将他们都排斥在外吗？"

所以，任正非不同意成立这样的组织。他说，除非成立一个开放的组织，大家一起来讨论问题，讨论华为价值观等，这样他才同意。

在任正非看来：学历不等于能力，学历也不等于素质，素质是一种综合能力的反映。

因此，在华为，学历、技能、潜能、工龄、素质等，均不能作为薪酬的评价依据。薪酬评价的依据：将学历等转化为绩效与贡献，华为以长期贡献能力与实际贡献定薪酬，以短期贡献定奖励。

华为2013年做了改革，把开发和技术分离，除了考核成功率，还考核失败率，做基础研究，把你失败了多少次作为一个考核目标，鼓励冒险和尝试，要养一部分人天天在那里"不着边际"地做原创性创新。这是华为的一个关键转型。

2014 年 8 月，任正非在华为内部讲话中这样说道："我们公司这几年严格控制考核体制，考核体制已经形成了一种范本。学历是重要的但不是唯一的，我们在所有干部考核表上没有设学历，都是你在公司实践工作的评价。对于那些责任能力高的，素质还不是很好的，我们要求他多学习，要求提高自身素质，多提供一些培训机会给责任能力好的人，但是老是不能提高素质的，我们就要他心态平和地去接受一般性的工作。"

对于有潜在能力的人，任正非主张多给这些人一些做出贡献的机会，他们只有在新的机会中做出贡献，才考虑晋升或奖励。不能因为他有潜能，而这种潜能还没有转化为现实的话，不能放宽他的薪酬。

第二节 责任结果导向

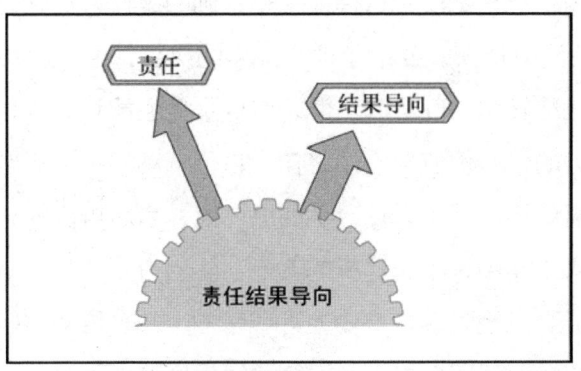

2010 年，任正非在人力资源管理纲要第一次研讨会上这样说道："我们的待遇体系，是基于贡献为准绳的。我们说的贡献和目标结果，

并不完全是可视的，它有长期的、短期的，有直接的、间接的，也包括战略的、虚的、无形的结果。因为只有以责任结果为导向才是公平的，关键过程行为考核机制与此没有任何矛盾。关键过程行为与成功的实践经验，有价值的结果，是一致的。不能为客户输出任何有益结果的能力，我们是不承认的，这就是我们多年来不承认茶壶中饺子的缘由。无论你人格如何高大，品德如何高尚，学问如何渊博……你得到人们承认的，一定是通过一定形式表现出来的。我们强调以责任结果导向来选拔干部，如何避免偏见和短视，确实是一件非常难的事情，它考验着各级干部。善于处理这些事情的人，就更有可能成长为高级干部。如何包容那些迟发的天才，是一件更难的事情，不然你怎么会是领袖人物呢？那些一次就将事情做好，表面上工作很轻松的员工，是潜能很大的苗子，党委及各级组织要帮助他们成长。我们要去除不能为客户创造价值的多余动作，我们要警惕劣胜优汰。"

对于业务素质较高但责任结果不够好的人，华为也没有一棒子打死，而是希望他们多做具体的工作，将业务素质转化为实际的责任结果。这说明华为也充分认识到，金无足赤，人无完人，责任结果不好可能有多方面的原因。也许是没有掌握或使用正确的工作方法，是"茶壶里装饺子"，有劲没有使上。要给予他们更多的机会，通过基层的锻炼，最终希望其将优势转化为胜势。当然，前提是他们能认识到自己的问题所在，并将华为的核心价值导向始终作为自己行动的指南。毕竟业务素质的好坏最终需要用成绩来说话。不能抓老鼠，素质再高的猫也不能称为好猫。在现实工作中，不乏这样的案例：华为有一个员工 A，工作经验丰富、技术能力也较强，本拟作为管理后备干部来培养。但由于其对公司文化不认可，对任职资格、待遇的关注程度远大于对绩效的关注，个人英雄主义严重。虽有较强的业务能力，但并没有很好地转化为对公司的实际贡献，而是成为其炫耀和向公司讨价还价的资本。很显然，这样的员工就不能任用和提拔，而是安排到更基层的岗位上甚至纳入末位淘汰名单。

华为强调责任结果，从人力资源管理的角度，选、育、用、留、裁等每一环节，无不体现出这一目标导向。以招聘工作为例：华为有一段时间，招聘曾有片面追求高学历、名牌院校等误区。导致的结果就是人员成本居高不下，人岗不匹配，没有形成合理的人才梯队，员工的期望值偏高，容易造成队伍的不稳定和人员的流失。同时，许多能力突出、有实际工作经验的人希望到华为来工作，但却因为学历等原因被拒之门外。值得庆幸的是，这种招聘标准现已得到了及时纠正。华为实行岗位责任制要的是员工的实际贡献和绩效，而不是学历或其他形而上学的东西。

责　任

春天时，河东的县长组织人员兴修水利，加固河堤，河西的县长没什么动作。夏天，洪水来了，河东安然无恙，一派平静，河西的大堤却频频告急，濒临决堤，县城安全受到严重威胁，全国人民的目光都聚集在这里。河西的县长组织各方人力，日夜守候在大堤上，一起日夜奋战。

一个月后，洪水退去。两个月后，抗洪表彰大会举行，河西的县长获得了极大的嘉奖，河东的县长却什么也没有……半年后，河西的县长升了官，河东的县长还是县长……

这种现象是否合理？真是河西县长更应该得到奖励吗？现实绩效评价工作中，也不乏似曾相识的场景和困惑：

是否防火不如救火？默默无闻、埋头工作会吃亏吗？是否必须有亮点和表扬信，绩效才会好？

除了做好本职工作之外，是否还要看包装、搞汇报，把工作做出彩，绩效才会好？

是不是只有加班多，工作量大，绩效才会好？

亮点、表扬信、加班、救火、出彩……现象纷杂。如果再对某个现象进一步分析，又会发现实际情况更为复杂，甚至可能分析出两类亮点、三类加班、四类出彩……真的是"乱花渐欲迷人眼"。那么作为管理者究竟应该如何考虑，绩效评价到底应该评什么呢？

分享一个案例《一次绩效评议中的讨论》，看看这位管理者是怎么做的：

PL：员工 A 完成了 X 项目交付，完成得不错，有亮点。

LM：你指的亮点具体是什么？

PL：这个项目很复杂，员工 A 把其中几个难点都解决了，而且还收到了周边的表扬信。

LM：为什么他会被表扬？他给团队和周边部门带来的价值是什么？

PL：……（详细事实、具体工作、最后的结果、贡献）

LM：亮点和表扬信有些笼统，要讲清楚里面具体的事实、结果和贡献。

PL：员工 B 的工作量很大，加班非常多，建议得 B+。

LM：工作量大、加班多的原因是什么？最后的产出是什么？

PL：项目中突发情况比较多，有时候还需要救火，他完成得很好……

LM：评价不是看加班、比苦劳，而是要看最后的产出，看功劳。另外，能否具体讲讲他之所以救火，问题出在哪里呢？

PL：……（出现突发情况的原因、B 的具体工作、结果）

LM：救火也要进一步去了解，自己先放火再救火，这不是我们需要的。火需要救，更需要防，我们要提倡一次把事情做好……

案例中的 LM 通过不断地澄清问题，帮助 PL 在评价中透过各种现象抓住绩效的本质，准确做出评价。管理者只有准确理解绩效的内涵，才能在评价中跳出种种现象的困扰和纠结。

华为公司对绩效的定义如下：绩效不仅仅是看销售额，而是看员工在本岗位担负责任的有效产出和结果。归根结底，也就是评价时要看结果，而且强调是要给客户、给上下游、给团队带来贡献和价值的有效结果。现实评价中，亮点、加班、救火等各种现象总会变幻，以上种种都不一定是错，只是需要每个管理者理解绩效的本质，多问几个问题：现象背后，实际的结果是什么？对团队、客户的贡献和价值是什么？

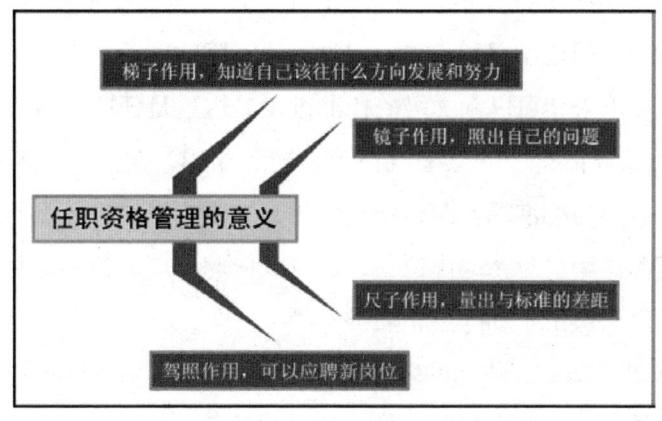

华为任职资格管理体系主要解决了在中国的职业化进程中的一些重要问题，特别是在工业经济转向知识型经济的过程中传统的管理手段不能解决的员工管理问题，即由以事为中心转向更为关注人的管理模式，这是符合知识经济的本质要求的。

华为成功实施了任职资格制度，共有五大族，五十一类，几百个子类，基本上所有的岗位都有自己的任职资格标准。任职资格的目的是，引导有水平的人做实，让做实的人提高水平，通过学习、磨炼慢慢培养既有水平又能做实的人。标准会告诉你，在这个岗位上，要想做出业绩来，关键的行为是什么、需要的素质是哪些、要掌握的知识技能是哪些。一个人要想在职业上获得更高的提升，必须按照这个标准对照着来做。通常情况下，华为的任职资格一年认证一次，半年复核一次。这其实是华为人的自我管理——你按照你自己的标准去学习、去做，不需要主管或者公司的其他人来督促你，这是自我管理机制里面非常重要的一点。

举例来说，华为的软件工程师可以从 1 级开始做到 9 级，9 级相当于副总裁的级别，享受同一级别待遇。新员工进来之后，如何向更高级别发展，怎么知道差距？华为有明确的制度，比如 1 级标准是写万行代码，做过什么类型的产品等，有明确的量化要求。员工可以根据这个标准自检。比如：我的 C 语言能力差，便可以通过 learning 平台去学，或在工作中有意识地学习和积累。通过一段时间的实践学习，达到了 1 级的水平。接下来，可以向 2 级的标准进发。这就是任职资格的管理。

而任职资格管理的意义就在于：镜子作用，照出自己的问题；尺子作用，量出与标准的差距；梯子作用，知道自己该往什么方向发展和努力；驾照作用，有新的岗位了，便可以应聘相应职位。这种透明的机制，能不牵引员工主动向上学习吗？

有人可能知道，华为的绩效管理是很残酷的。A 和 B+ 中间看起来只差一个档次，但奖金却可能是一辆车的差距。所以，在华为绝对没有"大锅饭"，绩效档次拉得很开。

2012 年 8 月，任正非在 EMT 办公例会上这样讲道："我以前觉得公司很有希望，当年成都工程安装的新员工没有便携机，背着一背包的各种工程标准的书到山沟沟里去读，这就是华为的希望。现在什么都不明白，就大规模地外包，什么数据都是工程方做的，根本就没有这个能力，凭什么拿这么多股票和工资，现在重新洗牌，要把南郭先生从这个里面洗出来。我不否定老干部，但洗出来不管职务多高都得回炉，还得学会这些东西，取得任职资格。工程任职资格需要哪几条要定出来，标准开放给大家考试，就像考托福一样，笔试考试合格了再给口试机会，口试合格能回复各种问题，证明笔试不是抄来的，就过关，给任职资格。要构筑全套的工程交付能力，但人可以不是全面发展，可以有几条职业通道，达到标准可以去做工程经理、工程监理和技术专家，拼起来就是一个工程，要加快接班人继任计划的管理。"

竞争上岗的基本条件是任职资格，这就导致了任何一个岗位都会有三到四个达到任职资格的人等在这个地方，这就是任正非提出的"饿狼逼饱狼"，你在这个岗位上必须好好干，否则马上就有接替者。

民营企业最大的问题就是一个萝卜一个坑，老板总觉得自己没有后续人才，其实是人才储备体系出了问题。又有人提出，说我天天参加任职资格，我业绩不行，行不行？这就是现在很多民营企业做的，这个人很闲就去培训，越忙越抽不出时间培训。华为不然，要想参加任职资格培训，有一个前提条件，绩效考核一共 15 分，必须达到 12 分以上，这就避免有的人一味地参加能力晋升，但是业绩做不出来。就把绩效、能力、岗位这几条打通了。我们现在很多企业考核任职资格、绩效、培训都各干各的不配套，华为是责、权、利、能四位一体。

结果导向

考核到底是应该"考结果"，还是"看过程"？有人说当然应该"考结果"，没有好的结果，过程再好有什么用。有人说应该"看过程"，好的过程能产生好的结果，不好的过程产生不好的结果，不好的过程即使凑巧产生了好的结果，那也是不可重复的，没有多大意义。还有人说，"结果"和"过程"应该并重。如果不能说清楚应该怎么并重，那也是等于没说。

如果考察周期比较长，绩效结果无疑是最终目的，考核应该考结果。从长期看，最终结果的好坏一定是由平时工作的好坏决定的，"以成败论英雄"从长期和统计意义上看没有一点问题。

如果考察周期比较短，就得小心了。一个城市的消防官员上任半年，如果该城市没有发生大的火灾，是不是就该褒奖？如果发生了损失巨大的火灾，是不是就应该立即撤职呢？消防官员最重要的职责应该是防患于未然，但预防工作需要平时默默无闻地大量投入，很多措施一时半会儿还起不了作用，而火灾事故却是不确定性很强的小概率事件，半年内的火灾发生情况与消防官员的努力不见得有很强的相关性。如果简单地使用结果导向考核，无法保证筛选和留任优秀的消防官员。评价一个干了四五年的消防官员，其任职期间发生的火灾事故数量足以说明称职不称职，但评价一个干了半年的消防官员，可能更重要的是看他平时采取了哪些措施，并如何落实等过程行为。

考察周期到底多长算长，需要根据任务性质把握。有些工作也许一两周就算长的了，有些工作一两年都不一定能反映出来。

设定目标强调结果导向，通过授权降低日常管理监控成本，被考核者自主性的增加有助于充分发挥主动性，有助于减少花里胡哨的表面文章。过程关键行为考察和辅导有助于去伪存真和及时纠正偏差。实际情况中应根据具体情况使用最匹配的方法。在不适当的场合哪怕只是灰度比例的失调都可能造成负面影响，更不用说走极端了。

2013年市场大会"优秀小国表彰会"上，任正非给徐文伟、张平安、陈军、余承东、万飚颁发了一项特殊的表彰——"从零起飞奖"。这些获奖的人员2012年年终奖金为"零"。

2012年，他们的团队经历奋勇拼搏，虽然取得重大突破，但结果并不尽如人意。于是，这些团队的负责人在这里践行当初"不达底线目标，团队负责人零奖金"的承诺。

任正非在为他们颁发"从零起飞奖"后发表讲话，他说："我很兴奋给他们颁发了'从零起飞奖'，因为他们5个人都是在做出重大贡献后自愿放弃年终奖的，他们的这种行为就是英雄。他们的英雄行为和我们刚才获奖的那些人，再加上公司全体员工的努力，我们除了胜利还有什么路可走？"

华为《2003～2005 年管理工作要点》强调："公司高、中、基层干部的考核都要贯彻责任结果导向的方针。同时，对高、中级干部，尤其是高级干部要逐步试行关键行为过程考核，以提高高、中级干部的领导能力和影响力，充分发挥组织的力量。"层级越高，所做工作的影响越长远，短期考评宜重点考察关键过程行为，长期考评则应重点放在结果上。对于显效周期长的工作可以分成阶段，阶段成果就有可能适用结果导向，但要防止简单分解的机械做法。中间还有广阔的灰色地带，需要根据具体情况实事求是地对待，但遵循的原则是相同的。

第三节 不以考核为中心 ▶▶▶▶

现在，几乎没有一个企业是没有考核的。但是，物极必反，绩效考核不能走向极端。否则，就难免落入事倍功半困境之中。许多企业，尤其是管理严格的大企业，其绩效考核似乎都走入了一种歧途：从上到下，从内到外，从月到年，从环比到同比，从销售额到利润，从总量到结构……一级压一级，一环扣一环。在这种几乎令人窒息的考核体系中，每一个部门、每一个员工完全失去了积极性与能动性，只是一味地在疲于应付，为考核而考核……

华为也曾出现过这样的问题。1997 年，任正非在《基本法》第四稿修改会议上这样讲道："华为公司形左实右的情况很严重。生产总部对插件工也考《华为公司基本法》，考不好还把人家给辞退了。莫名其妙。基层员工踏踏实实做好本员工作，遵守道德规范就是基本法。"

2008 年，任正非在 EMT 体系干部大会上这样说道："一定要打倒烦琐的人力资源考核，大家想想每一个基层员工要填多少表格。有些管理者因为看不到员工在身边，就让员工填很多表格，比如说市场的工作日志，这是可以理解的。而有些管理者管的人不多，还叫这些人每天填工作日志，就有些高成本了。我觉得，如果为了这填表格，就是走形式主义，是浪费人力。考核的目的，是为了促进业务成功，为考核而考核不值得。"

任正非表示："考核频度不能太高，公司不能以考核为中心。不以努力工作为中心，将来会有很多问题的。我们不是要把员工管成乖孩子，我们是要让员工为公司提供价值贡献。我们主要的考核目标和要素，是从价值贡献上考核，其他的考核干啥呢？"

考核其实就是一个用于管理的行为手段，其目的不应侧重于考虑人的去留而主要是要去激发员工的工作动机，也就是说用各种有效的方法去调动员工的积极性和创造性，使员工努力去完成工作的任务，实现企业的目标。因此，我们又说企业实行绩效考核是正确地诱导员工的工作动机，使他们为实现自身需要的同时不断完成企业的目标。企业从物质和精神上给予既定的奖励，从而使员工的工作积极性和创造性继续保持和发扬下去。另外，我们也要特别注意企业管理者在对员工实施绩效考核时，由于设置的绩效目标和考核方式、标准不当，也会使企业丢失绩效考核的初衷，适得其反。企业员工表面上虽不表露出来，但内心和行为上抵触，长期下去必然对企业的发展带来很大的隐患。

2013 年，任正非和广州代表处谈话时这样说道："考核为什么要这么多指标？绩效考核也不要搭载这么多指标，关键过程行为考核是用来选拔干部的，人家事都做成了，过程为什么要成为评奖金的指标呢？我们不要在一个东西上承载太多内容，让人都变成小人了。我做了大的成绩，还要考我这考我那，扣来扣去都没有了，那我以后也不创造价值了，专注行为。考核指标不要占太多内容，关键绩效指标项不能太多。"

不以考核为中心，华为同样强调，不能僵化地去评价员工的价值。

任正非把华为公司里一些"歪才""怪才"比喻成"歪瓜裂枣"，即那些绩效不错，但在某些方面不遵从公司规章的人，尤其是一些技术专家，都有着特别的个性和习惯。

任正非说："公司要宽容'歪瓜裂枣'的奇思异想，以前一说歪瓜裂枣，就把'裂'写成劣等的'劣'。你们搞错了，枣是裂的最甜，瓜是歪的最甜，他们虽然不被大家看好，但我们从战略眼光上看好这些人。今天我们重新看王国维、李鸿章，实际上他们就是历史的'歪瓜裂枣'。我们要理解这些'歪瓜裂枣'，并支持他们，他们可能超前了时代，令人不可理解。你怎么知道他们就不是这个时代的凡·高，这个时代的贝多芬，未来的谷歌？"

如何合理地评价这些人，让这些"歪瓜裂枣"真正发挥自己的价值并获得与其贡献相符合的回报？华为《管理优化》中提出："作为管理者，要在公司价值观和导向的指引下，基于政策和制度实事求是地去评价一个人，而不能僵化地去执行公司的规章制度。在价值分配方面要敢于为有缺点的奋斗者说话，要抓住贡献这个主要矛盾，不求全责备。"

第四节 考核机制倒过来

1985 年，时任通用总裁韦尔奇开始了被经济学家熊彼德称为"创造性毁灭"的改革，他将 GE 的管理层级从 29 个层级减少到 6 个层级。当韦尔奇完成这项改革之后，整个 GE 公司看起来就像是平放在地上的车轮。最高管理层在中央，其余的管理层向周围放射，就像是车轮的轮辐。这样一来，公司内部的信息流通变得异常迅速。韦尔奇说道："在20世纪80年代，我们去除了一层又一层的管理阶层，我们推倒了一层又一层瓜分财富的墙壁。我们不断裁减员工——那些专挑毛病的人、乱出主意的人。这样做过之后，我们发现那些获得了发展空间的人能够获得足够的信任做出属于自己的决定，而当他们为自己的决定工作时，他们更加努力了。"

韦尔奇强调："我们也着手裁撤了公司总部的员工。在美国公司中，总部往往成为公司毁灭的因素，它可能扼杀、窒息、阻碍公司的发展，增加不安全的因素。如果你想简化你的前线，那么你就不能在后方保留大批人员，这些人是你所不需要的——问个不休者、监督人员、阻碍程序进行的吹毛求疵者、以事后议论为本职和多管闲事者以及阻碍公司内部沟通者。如今，公司总部的人员是一批精通税制财务或其他关键领域的专家，他们能够更有效地帮助前线的人们。我们的公司员工不再只是制造麻烦或带来问题，他们彼此合作。这是思想态度上的转变：人们主要对公司业绩负责，而不是别的什么。"

韦尔奇所做的就是治疗"大企业病"，治疗方法，用任正非的话来说，就是"让听得见炮声的人来决策"。

2008年年底之前，一提到一线的IT系统，华为人就摇头叹息。以前华为业务对IT的需求都是基于机关职能部门视角，IT方案也都是按照业务块设计，有些甚至就是业务部门IT人员自己设计并开发的。当华为逐渐向流程化、职业化转变时，业务部门越来越感觉到IT系统全流程不通，业务数据在各个IT系统中条块分割，跨过太平洋就很难通过IT系统有效调动公司资源了。典型的例子就是一个客户合同或PO（订单的意思，英文全称是"PURCHASE ORDER"），从录入IT系统到履行完毕并开出发票，全流程流经十几个IT系统，而且不可跟踪，必须靠很多人去上下游核对，既浪费人力，又无法保证准确，效率异常低下。

2009 年 1 月，任正非在销服体系奋斗颁奖大会上谈道："我们从以技术为中心，向以客户为中心的转移过程中，如何调整好组织，始终是一个很难的题目。刚开始我的认识也是有局限性的。我在 EMT 会上讲了话，要缩短流程，提高效率，减少协调，使公司实现有效增长，以及现金流的自我循环。但提出的措施，确实有一些问题，单纯地强调精简机关，压缩人员，简化流程，遭遇一部分 EMT 成员的反对。

"他们认为机关干部和员工压到一线后，会增加一线的负担，增加了成本，并帮不了什么忙。机关干部下去以总部自居，反而干预了正常的基层工作。后来我听取一些中层干部的反映，他们认为组织流程变革要倒着来，从一线往回梳理，平台（支撑部门和管理部门，包括片区、地区部及代表处的支撑和管理部门）只是为了满足前线作战部队的需要而设置的，并不是越多越好、越大越好、越全越好。要减少平台部门，减轻协调量，精简平台人员，自然效率就会提高。这样 EMT 决议还未出笼就被反了一个方向。但如何去实现这一点呢？问题仍然摆在前面。

"谁来呼唤炮火，应该让听得见炮声的人来决策。而现在我们恰好是反过来的。机关不了解前线，但拥有太多的权力与资源，为了控制运营的风险，自然而然地设置了许多流程控制点，而且不愿意授权。过多的流程控制点，会降低运行效率，增加运作成本，滋生了官僚主义及教条主义。

"当然，因内控需要而设置合理的流程控制点是必须的。去年（2008年）公司提出将指挥所（执行及部分决策）放到听得到炮响的地方去，已经有了变化，计划预算开始以地区部、产品线为基础，已经迈出可喜的一步，但还不够。"

北非地区部给华为提供了一条思路，就是把决策权根据授权规则授给一线团队，后方起保障作用。这样华为的流程优化的方法就和过去不同了，流程梳理和优化要倒过来做，就是以需求确定目的，以目的驱使保证，一切为前线着想，就会共同努力地控制有效流程点的设置。从而精简不必要的流程，精简不必要的人员，提高运行效率，为生存下去打好基础。

"用一个形象的术语来描述，我们过去的组织和运作机制是'推'的机制，现在我们要将其逐步转换到'拉'的机制上去，或者说，是'推''拉'结合、以'拉'为主的机制。推的时候，是中央权威的强大发动机在推，一些无用的流程，不出功的岗位，是看不清的。拉的时候，看到那一根绳子不受力，就将它剪去，连在这根绳子上的部门及人员，一并减去，组织效率就会有较大的提高。我们进一步的改革，就是前端组织的技能要变成全能的，但并非意味着组织要去设各种功能的部门。"

任正非表示，基层作战单元在授权范围内，有权力直接呼唤炮火（指在项目管理上，依据 IBM 的顾问提供的条款、签约、价格三个授权文件，以毛利及现金流进行授权，在授权范围内直接指挥炮火，超越授权要按程序审批）。

"以美军在阿富汗的特种部队来举例。以前前线的连长指挥不了炮兵，要报告师部请求支援，师部下命令炮兵才开炸。现在系统的支持力量超强，前端功能全面，授权明确，特种部队的战士一个通信呼叫，飞机就开炸，炮兵就开打。前线 3 人一组，包括一名信息情报专家，一名火力炸弹专家，一名战斗专家。他们互相了解一点对方的领域，紧急救援、包扎等都经过训练。当发现目标后，信息专家利用先进的卫星工具等确定敌人的集群、目标、方向、装备……炸弹专家配置炸弹、火力，计算出必要的作战方式，其按授权许可度，用通信呼唤炮火，完全消灭了敌人。美军作战小组的授权是以作战规模来定位的，例如：5000 万美元，在授权范围内，后方根据前方命令就及时提供炮火支援。我们公司将以毛利、现金流，对基层作战单元授权，在授权范围内，甚至不需要代表处批准就可以执行。军队是消灭敌人，我们就是获取利润。铁三角对准的是客户，目的是利润。铁三角的目的是实现利润，否则所有这些管理活动是没有主心骨、没有灵魂的。当然，不同的地方、不同的时间，授权是需要定期维护的，但授权管理的程序与规则，是不轻易变化的。"

在 2012 年，华为尝试着将考核机制倒过来，由一线呼唤炮火，按成功来获取利益和分享利益，而不是从上到下按结构来授予利益；在 2013 年，华为进一步简化管理，敢于让优秀的干部和团队担负更大的责任，为他们提供更多的机会，让他们挣到更多的报酬，同时华为将继续降低内部运作费用率，努力将运营效率再提升。

任正非：华为的薪酬制度要大改

2014 年，任正非在华为人力资源工作汇报会上的讲话。

一、关于人力资源战略

坚持聚焦管道的针尖战略，有效增长，和平崛起，成为 ICT［ICT 是信息、通信和技术三个英文单词的词头组合（Information Communication Technology，简称 ICT）］领导者。业务与人力资源政策都应支撑这一战略目标的实施。

我有一个想法，针尖战略的发展，其实就是和平崛起。我们逐渐突进无人区，踩不到各方利益集团的脚，就会和平崛起。坚持这个战略不变化，有可能在这个时代行业领先，实际就是超越美国。因此战略目标中，将"超越美国"这句话改为"有效增长，和平崛起，成为 ICT 领导者"。将来业务政策、人力资源政策等各种政策都应支撑和平崛起这样一种方式。

二、关于组织

在主航道组织中实现"班长战争"，一线呼唤炮火，机关转变职能；非主航道组织去矩阵化或弱矩阵化管理，简化组织管理。虚拟考核评价战略贡献，抢占战略高地。

1.简化组织管理，让组织更轻、更灵活是我们未来组织改革的奋斗目标。

你们要去研究一下美国军队变革，乔良写的一本书叫《超限战》，军队的作战单位已经开始从"师"变成"旅"，作战的能力却增强很厉害，而且美国还在变革，未来的方向是，作战单位有可能从"旅"直管"营"，去除"团"一级，还要缩小成"排""班"……班长可能真就是"少将"或"少校"，因为一个班的火力配置很强（巡航导弹、飞机、航母……），就没有必要大部队作战。"班长的战争"这个理念应该这么来看，大规模人员作战很笨重，缩小作战单位，更加灵活，综合作战能力提升了，机关要更综合，决策人不能更多。让组织更轻、更灵活，是适应未来社会发展的，也是我们未来组织改革的奋斗目标。

将来华为的作战方式也应该是综合性的，我们讲"班长的战争"，强调授权以后，精化前方作战组织，缩小后方机构，加强战略机动部队的建设。划小作战单位，不是指分工很细，而是通过配备先进武器和提供重型火力支持，使小团队的作战实力大大增强。当然，授权不是一两天能完成的。目前，管理上的问题没有落地，所以3～5年内把LTC、账实相符，"五个一"作为重点，一定要实现端到端贯通。5年以后，坚定不移地逐步实现让前方来呼唤炮火，多余的机构要关掉，这样机关逐渐不会那么官僚化。

当年我们从小公司走向大公司时，不知道怎么管理，分工过细。现在我们使用的工具先进了，很多流程打通了，功能组织也要综合化，不仅减少层级，也要缩小规模，几个组织合并成一个组织。如商务合同评审的专业组织，应该涵盖运营商BG、企业网BG，没有必要成立两个平台。

矩阵化管理主要用于主航道上的作战队伍上，是需要一个大规模的平衡，耗费一点人力资源，称称这个、平衡那个。非主航道就不需要这么复杂的平衡。慧通去矩阵化，第一必须对华为服务，不能到社会上招揽生意，这是对它的制约；第二必须自己养活自己。

内服弱矩阵化，就是流程责任制，只有几个管理的核心干部还是矩阵化的。组织的优化，不要等同时发令，哪个模块成熟了，就可以先走，若总是追求完美的"齐步走"，等候时间就太长了。

我们要有个假设，将来如果我们担负起 700 亿美元销售收入，不意味着华为总人数会产生大幅度增长。我们每年要招聘一些尖子进来，置换不合适的人员，因此总人数增长是有限的，但作战结果会有极大提高。811 规划中，不能大幅度增加人力资源编制，不要总向研发与市场倾斜，但是可以增加薪酬包。

2.组织绩效：根据当期产粮多少来确定 KPI（基本评价），根据对土壤未来肥沃的改造来确定战略贡献，两者要兼顾，没有当期贡献就没有薪酬包，没有战略贡献就不能提拔。

我们认为，还是根据产粮食多少来确定 KPI，根据对土壤未来肥沃的改造程度，来确定战略贡献。比如，根据销售收入＋优质交付所产生的共同贡献，拿薪酬包；若没有做出战略贡献，不能被提拔。我们现在的 KPI 也包含了很多战略性贡献，战略贡献要搞 KPI，我也同意，但要单列，战略 KPI 和销售收入 KPI 不能一致。将来公司所有指标都要关注到抢粮食，关注到战略指标。

我们原来的虚拟考核方法很好，可以继续沿用。举例：我们有 68 个战略制高地、200 多个战略机会点，抢占战略高地要靠能力提升、靠策划、靠方法，不完全靠激励。当然，激励也是应该的。虽然做了战略高地，但若利润是负值，乘以任何系数都没用，因此还是至少要实现薄利，不要简单地说"未来如何赚钱"，即使未来赚钱，也是破坏了今天的战略平衡。设定的战略目标，有销售收入浮动的比例。

战略机会点攻入进去了，不允许降价作恶性竞争，但是允许多花钱，比如可以派两个少将去。BG重心是销售收入，既想卖东西，又想抢占战略高地，是虚拟考核；区域考核的是盈利和战略，即使薄利，也是盈利。当BG和区域的诉求完全不一致时，由区域说了算。

三、关于人才：改良金字塔管理，用人才管理奠定胜利的基础

1.保持金字塔的基本架构，拉开金字塔的顶端，形成蜂窝状，让引领发展的"蜂子"飞进来；异化金字塔的内部结构，业务、技术和管理关键岗位，优秀骨干与一般骨干，可以拉开差距。向外差异化对标，引入、用好更优秀的人才。

决定华为公司成败关键的重要时期，估计就在未来3～5年。在大数据超宽带时代，如果我们能够在制高点抢占到一定份额，其实就奠定了我们的胜利基础。人力资源政策要支持和平崛起，就是改良人才金字塔结构。

第一，拉伸金字塔顶端，形成蜂窝状。需要一群外面的"蜂子"飞进来，就要有"蜂子"能够飞进来的空间。现在遇到一个问题，世界上有很多优秀人才进不来，不仅是工资问题，还有组织模型问题。科学家进来，因为较少涉及人际关系处理，所以能留下来。但对于新招入的管理者，他领导的千军万马都是上甘岭来的兄弟连，谁服他？所以这批人员先放到重装旅去参加循环打仗，打仗过程中，也会形成"兄弟血缘"关系，再任命时他已经适应华为文化。

第二，金字塔内部结构要异化。我们人力资源有很多模块，以前薪酬待遇都是对标电子工程师，太标准化。现在金字塔架构体系不发生变化，但里面的各个模块要异化，各自去和市场对标。华为机器的核心制造和新产品制造去市场上对标，技师只要做到高质量，可以高工资。制造要尽快开始激活，把全世界最优秀的技师都挖到我们这里来，还做不出全世界最优秀的产品？也欢迎走掉的技师回来共创未来。

2.适应业务与管理变化，针对性管理各类人才，激活各级队伍。

要将高层干部"洞察客户、洞察市场、洞察技术、洞察国际商业生态环境"的发展要求改为"洞察市场、洞察技术、洞察客户、洞察国际商业生态环境"。我们要从客户需求导向转变为社会结构导向了，整个行业转变，客户也有可能会落后于我们对社会的认识，要超越客户前进。

将来要限制干部"之"字形成长的范围，不要强调一定要大流动，有些岗位群不需要具有"之"字形成长经验。基层员工还是需要踏踏实实地干一行、爱一行、专一行，贡献多，就多拿钱。这次我在新疆看到，最安心工作的是新疆本地员工，他们在公司工作多年，千方百计从北京、广州调回去。因为家在新疆，家里人知道情况其实没有那么危险，这次我还跟他们去逛街、吃大排档。而外地来的员工感受不一样，虽然在前线的人没有觉得那么可怕，但内地的家里人总是很担心，天天电话施加压力。危险地区可以强调本地化原则，如果实现不了那么多本地化，可以招聘当地的大学毕业生，送到拉丁美洲等地区去培训，然后再返回去。

高级干部被末位淘汰不等于是坏事，可以去重装旅，再重造辉煌。若没有威慑感，大家都会去搞内部平衡。

四、充分利用类似微信的平台，加强技能经验共享，提高作战队伍能力

我支持公司内部开放，不要怕资料被人偷走，我们的队伍比别人厉害，他搞到一两支枪炮有什么用？而且即使去保密，也不一定都能防范住，反而导致自己的作战队伍能力不行。可以建立公司内部类似微信的平台，有授权的人员才能使用，不对外开放。如在战略预备队这个圈里，所有内容全开放，大家可以下载资料、交朋友……用户按不同战场分类，通过内部圈联络起来，其实也是一个信息安全圈。他自己建立了一个作战圈，可以横跨拉丁美洲、

欧洲……因为公司下载到的是同一种表格，他不知道如何使用，在朋友圈里发个求助，对他作战能力提升有帮助。

人力资源工作的阶段性汇报和结构性思想，后续可以定期讨论，下次也要把财务叫过来。财务要告诉我们，利润率到底是否预测准确没有。只有坚持账实相符，只有实事求是反映情况，公司才能制定出正确的应对措施。你们要找出一个方法，把公司的内部变化、社会的变化、前进的变化结合起来，跑到最前面的人，就要给他"二两大烟土"。

2014 年 8 月 19 日

延伸阅读

摒弃"年度"绩效考核

扔掉传统绩效考核

管理层把绩效考核看作是一项强加的负担，让人感觉压力重重，毫无成就感可言。无论被考核的对象是谁，年度考核总是给人带来压力和紧张情绪，让人心生不满。

那么，企业的领导者应该怎么做呢？对于大型企业而言，绩效考核可能是无法避免的。但是，越来越多的企业开始认识到，年度考核往往不能对员工的表现产生积极影响，所以正在尝试新的考核方法。

颠覆传统的绩效考核

许多公司已经摒弃老套的年度考核，转而采取不断进行业绩反馈的形式。比如澳大利亚软件公司 Atlas Sian 就推出了新的考核方法，在试行的绩效考核方案中，由管理者公布业绩并对结果负起责任。

Atlas Sian 公司取消了年度考核，采取不断进行反馈和督导的形式。这种做法的基础是企业与员工彼此融合的信念。管理层在实施的过程中加入了特有的元素，让考核手段能够体现企业的价值观与文化。

虽然 Atlas Sian 公司在实施的过程中也遇到过问题，但是，通过一对一的督导，该公司成功激发了全体员工的工作热情，避免了传统绩效考核打击士气的弊病。

该公司的模式包括两个部分：结构化的反馈流程以及持续的、非正式的及时反馈。Atlas Sian 公司还重新制定了奖金分配制度，提高了工资水平，向公司全体员工发放奖金，而不是针对个人进行奖励。该公司抛弃了将薪资与绩效考核挂钩的做法，而将重点放在根据员工的价值给予应有的薪水。尤其值得一提的是，该公司的管理层杜绝了按分数排名的老套制度，针对具体项目和整体绩效与员工保持沟通。

全面改进评估流程

如果你希望全面改造公司的绩效考核系统，不妨考虑利用以下技巧，可以实现事半功倍的效果：

1. 放弃年度绩效考核的旧方法，在管理层与员工之间定期展开一对一的会谈，共同设定目标并密切监控目标达成的进度。这些会议可以让员工不断调整业绩表现。

2. 彻底抛弃绩效奖金。支付市场上最高的工资，提供组织奖金和股权奖励。不要将报酬与年度绩效考核挂钩。给予员工应有的薪水——不多不少，恰到好处。

例如，如果这是一名客户主管，那么就提供公司觉得客户主管职位应得的薪水。根据行业标准，为每一个岗位的员工支付恰当的薪水。

3. 摒弃传统的评估系统。不要用条条框框来给员工分等级（根据大量的数据评三六九等），而是定期提供诚实的反馈，针对异常和不良表现举出具体事例。请团队成员明辨正误，从每一次的问题中吸取教训。

4. 督导而不是考核。传统的考核让员工感觉自己在被管理者审判。用督导式的方法（鼓励出色的绩效，在团队成员绩效不佳时为其提供支持），能够加深管理层与员工之间的关系，实现更理想的业绩。

不要要求员工进行自我评价，问一些诸如"你这个月偷懒了几次"这样的问题。开放式的问题可以促使人们反省自己的表现。

5.综合同事的反馈和意见，这些可以成为促进个人发展的有力工具，令员工明白自己的工作如何影响其他人。

在绩效考核方法的问题上，各个机构不能依葫芦画瓢，照搬其他公司的做法。可以学学 Atlas Sian 等公司的经验，但是每个公司的政策必须体现自己独一无二的文化和价值观。

如果你正在寻找员工考评的新方法，不妨从每个月的会议开始，了解每位团队成员。持续的反馈和督导会逐步改善业绩，同时消除令人生畏的年度考核带来的压力。

（本文摘编自《摒弃"年度"绩效考核》；来源：财富中文网，2014）

有目标就有绩效管理

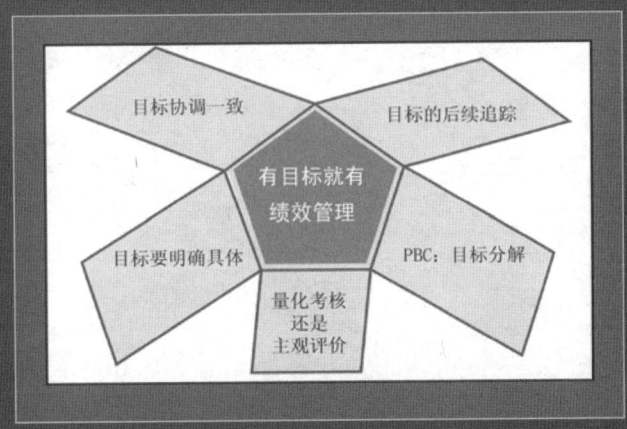

　　美国马里兰大学管理学兼心理学教授洛克（E.A.Locke）和休斯在研究中发现，外来的刺激（如奖励、工作反馈、监督的压力）都是通过目标来影响动机的。目标能引导活动指向与目标有关的行为，使人们根据难度的大小来调整努力的程度，并影响行为的持久性。目标本身就具有激励作用，目标能把人的需要转变为动机，使人们的行为朝着一定的方向努力，并将自己的行为结果与既定的目标相对照，及时进行调整和修正，从而能实现目标。这种使需要转化为动机，再由动机支配行动以达成目标的过程就是目标激励。目标激励的效果受目标本身的性质和周围变量的影响。

华为的绩效管理

第一节 目标协调一致

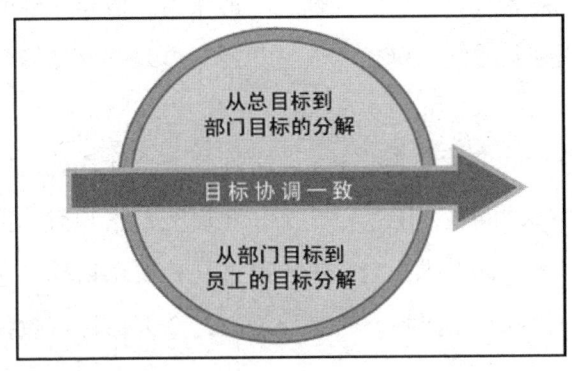

　　员工个人目标应服从组织整体目标，并要和组织的战略规划，各层级、各阶段的目标保持协调一致。

　　对于企业来说，需要将主要目标和分目标，各部分目标之间要相互配合，方向一致。因为人人参与管理，给每一位员工一个充分发挥潜能的"自由空间"，方能达到"众人拾柴火焰高"的理想状态。每个管理人员和员工的分目标，就是企业目标对他的要求，同时也是他对总目标的贡献。只有每个管理人员和员工都完成了自己的分目标，整个企业的总目标才有完成的希望。

　　能给团队、团队成员设立一个清晰、合理的目标，并让每一个成员都清楚并理解。有很多团队的成员不清楚自己组织的目标是什么，自己的目标是什么，不知道怎么样算是做得优秀，怎么样算是一般。时常听到员工抱怨"你给我的PBC（个人事业承诺）我都完成了，为什么还给我打B？"如果一个团队没有一个清晰、合理的目标，如果团队的成员不能清楚理解团队和个人的目标，那么一定无法做到力出一孔，一定会对管理者有所抱怨，久而久之失去工作的热情。

企业高层管理者应该根据企业的发展战略与企业所处的具体经营环境，制定企业的总体经营目标，也就是我们所提的宏观目标。在这个过程中必须做好充分的准备，可以通过广泛收集资料来进行调查研究，从而确保企业发展战略目标的清晰。一般来说，制定企业的宏观目标需要遵循以下原则：方向明确，令人鼓舞；年度目标必须量化、质化，可被分解。

要达到上面的要求是不容易的，现在很多企业在确定目标时往往会出现这样或那样的问题，陷入一个又一个误区：宏观目标指标惊人——吹破牛皮；年度目标模糊不清——无所适从；战略目标绝对保密——少有知晓；部门目标互不支持——各自为政；个人目标行政指令——缺乏回路。

为了有效地确定企业的目标，管理者应该怎样去做呢？以下总结的内容是在确定目标时必须要考虑的方面和内容：

公司未来5～10年的奋斗方向：奋斗方向有没有确定下来？内容是什么？

公司和竞争对手的互动关系：竞争对手有哪些？互动关系如何？

全体员工必须认同的价值观：有没有必须认同的价值观？内容是什么？如何巩固和加强？

公司股东董事会的核心关注：关注什么？为什么关注？

可以量化质化的决策和计划：内容？数量？要求？重要程度？

建立企业文化和团队的依据：企业文化和团队的状态？特征？是否支持企业的发展？有何新的要求？

各级员工思想和行为的准则：崇尚什么？支持什么？反对什么？摒弃什么？

总目标分解过程中需要解决的四个问题：

1. 确定分目标的层面。

分目标层面通常适用木桶理论和拳头理论。

木桶理论。木桶理论是说一只水桶能盛多少水，并不取决于最长的那块木板，而是取决于最短的那块木板，也称"短板效应"。在确定分目标时，要考虑当前在企业四个层面的工作中，究竟哪个层面是制约企业总目标实现的"短板"。

拳头理论。拳头理论是说一个企业要保持其竞争力，不但要做到四个层面均衡发展，还要做到具有独特的竞争优势，这一竞争优势就是企业的"拳头"。

企业在确定分目标时，要综合考虑企业的"短板"和"拳头"，改变"短板"的落后态势，增加"拳头"的竞争优势。

2. 确定分目标的数量。

分目标的数量对于企业成功与否至关重要，目标的过度细分会造成企业管理者精力分散，也会使下级无所适从，导致总目标不能实现。

在通常情况下，企业在每个确定的层面下应该只选择一个到两个目标。这既有利于保证目标体系的完整性，又有利于保证目标系统的可行性和统一性。

3. 确定分目标的权重。

企业的能力和资源是有限的，即使企业已经严格地控制了分目标的数量，也应该按照重要程度对确定的分目标进行排序，并且对每个分目标赋予一定的权重。只有这样，才能够保证企业集中人、财、物等资源完成首要目标。

4. 确定分目标的量化标准。

没有量化的目标很容易成为不切实际的"浮标"，只有量化才可测定，可测定才可能积累！目标也只有量化才能对成功有益，能否量化是目标与空想的分水岭。

从总目标到部门目标的分解

把确定好的公司目标分解到部门时，需要分清是部门可控目标还是可影响目标。同时分解中要求各部门目标横向关联、以客户为中心。

部门可控目标分解：要从部门的关键职能入手，把公司级目标分解到各相关部门，在公司运营流程中，各部门都有其存在的理由，营销部要完成营销、生产部要实现生产，由此我们就可以把公司级目标分别分解到相关部门，如销售额分解到营销部，生产目标分解到生产部。这些目标都是部门关键职能所在，是部门可以直接控制的，从而成为了部门的关键业绩目标。

部门可影响目标分解：许多公司级目标属于共担目标，不是单个部门可以直接控制的，但是可以影响的，比如人员流失率目标、质量目标、降低管理成本目标等，这些目标需要分解给两个甚至多个部门。如何把这些目标分解到各部门，就需要认真审查各部门职能，看看部门有无此工作内容。如产品质量目标，生产部、质管部都有相应职能，因此就需要这两个部门共同承担。确定了部门后，然后再确定各部门在这个目标中承担什么样的责任。这同样需要审查部门职能的侧重点，根据各部门实际负责大小确定分配权重。比如关键人员流失率目标，不仅是人力资源部经理的事情，更是各直线主管的责任。从人力资源部职能中，主要涉及招人、育人、用人、留人的制度设计和组织实施，而各个部门则是具体实施这些制度，由此我们就可以分出责任来，如果公司面临着普遍的人员流失，那么人力资源部要承担主要责任。如果是个别部门的人员流失严重，那么这个部门的负责人就要承担主要责任。这样直线主管才能对整个部门绩效、人员管理全面负责。

横向关联：把目标落实到各部门后，还需要确定各部门目标是否实现了左右关联，方向一致，相互支持和配合。如果各部门的目标冲突打架、左右撞车，造成严重内耗，这样的目标就不能保证企业整体目标的完成。

做到横向关联，就需要以客户为中心，客户的要求就是目标，内部客户也是客户，业务链下游部门要求什么样的服务，上游部门就应该提供相应的服务。由于销售是企业的利润源头，而这主要由营销部门来承担。因此营销部门的目标数值、工作质量和时间节点就成了其他部门制定目标的主要基准。生产部的计划、研发部的质量等目标都要与营销部看齐，以它的要求为要求。由于职能部门主要为业务部门提供服务和支持的，因此，业务部门需求就是其制定目标的主要依据，这样，职能部门服务意识也会大大增强，而不是图自己方便。如提高人员效率，就需要人力资源部为各业务部门人员提供高质量的培训；留住大客户，需要财务部提供相应的账期延缓服务和相应资金保障，如图（横向目标分解关联图）。

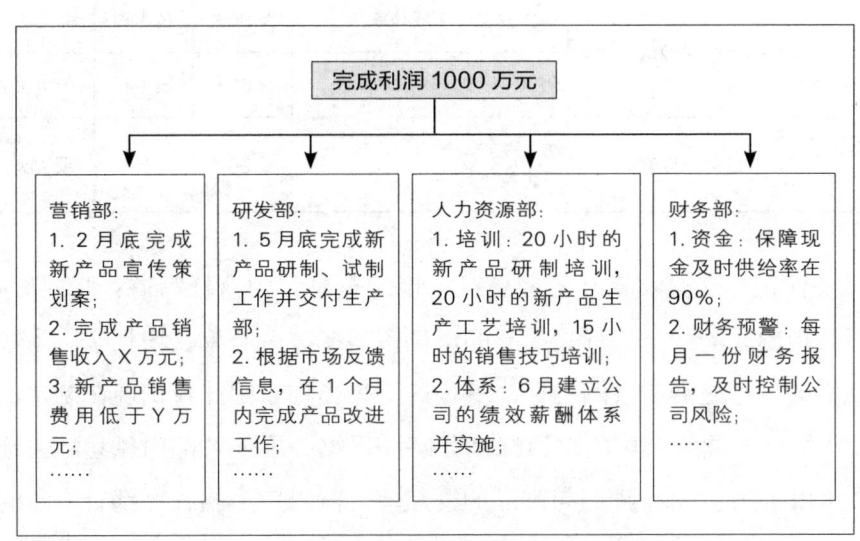

横向目标分解关联图

从部门的关键职能要素着手，将总目标分解到相关职能部门。被分解出的目标是相应部门可以直接控制的关键目标，在分解时要根据各部门的侧重点，确定目标分配的权重比例。将确定好的目标分解到职能部门时，要做到部门目标之间的横向联系，即实现部门间的左右关联、总目标一致及彼此间的相互支持与配合。

下面是华为产品开发目标到研发部的目标分解，如下表所示。

产品研发部的可实现目标分解

过程	子过程	指标	目标	统计	频次
产品开发	过程设计与开发策划	开发按时完成率	≥ 80%	技术科	年 / 次
		关键路径如期完成率	≥ 80%	技术科	年 / 次
	PFMEA 过程	采取措施后 RPN 值符合率	≥ 80%	技术科	年 / 次
	产品 / 过程更改	更改及时率	≥ 80%	技术科	年 / 次
	产品与过程确认	样件提交一次成功率	≥ 80%	技术科	年 / 次
		PPAP 提交一次成功率	≥ 80%	技术科	年 / 次
	项目移交外与总结	首批生产非预计不合格项比率	≤ 20%	生产科	项 / 次

任正非在其文章《不做昙花一现的英雄》中这样写道："产品最后体现出来的经济指标是产品的市场覆盖率、占有率、增长率。考察我们的管理是否有效的指标，就是这三个指标。因此我们现在制定的 KPI 指标要围绕公司的总目标来分解和贯彻，不能各部门孤立地去建立 KPI 指标。每个部门与产品的覆盖率、占有率、增长率都有一定的关系。在总目标引导下的管理与服务目标分解，才会起到综合治理的作用。就如长江防洪，不能沿江七省各搞各的。"

　　"外延的基础是内涵的做实，没有优良的管理难以保持超过竞争对手的速度。内涵的做实就是公司各级管理体系的不断优化。内涵的做实是管理中的根本点。各部门的工作不尽如人意，其实就是内涵没有做实。不论从销售上、科研上、生产上，还是提供的各种服务上，各部门是不是围绕公司的总目标已经做得很好了，对公司《基本法》的认识已很深刻了？如果我们对公司总目标没有一个整体的、准确的、全面的理解，而只孤立地在一小块一小块地方去思考自己管理的进步，我就担心你的进步是建立在制约别人的进步上，那么对整体的进步并没有产生巨大效应。因此管理的目标性应该很明确，内涵做实的目标也应很明确。"

　　华为部门目标的设定流程如下图：

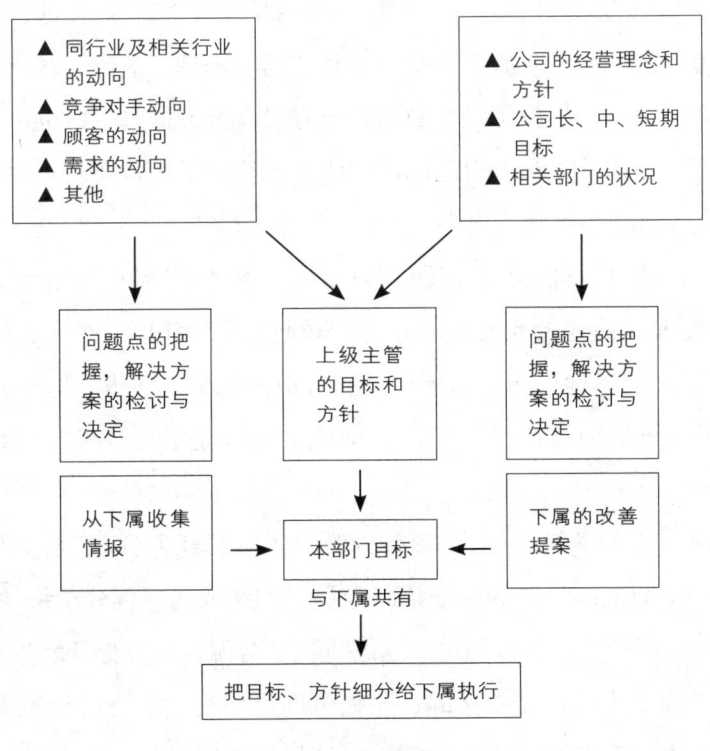

部门目标的设定流程

从部门目标到员工的目标分解

　　个人绩效管理的推广范围是覆盖到各管理岗位员工，因此在确定了部门层面的绩效指标库的前提下，还要进一步进行细化，建立各管理岗位的绩效指标库。岗位层面的绩效指标库主要来自部门层面指标的分解，岗位职责梳理两个途径。

　　对于工作容易量化的业务部门来说，绩效目标的分解比较简单一些，而对于职能部门来说，由于工作内容以定性为主，分解起来较困难。

　　假如人力资源部门的一个绩效目标是"核心员工流失率"，这个指标来源于公司的绩效目标。人力资源部主要涉及对核心员工选、用、育、留的制度设计和组织实施。而这正好有招聘、培训、绩效、薪酬各专员对应负责，这个目标就可以分解到各个专员身上，这些工作也正是人员的岗位职责，因此人员把自己的岗位职责履行好了，就能有效地支撑部门目标的实现。

　　当然这个目标除人力资源部以外，业务部门都有份。作为业务部门的经理，他还要负担起人员管理的责任，用好这些人，做好人员的培养，指导他们开展工作，提高部门绩效。当然，这些目标有些是可以分解的（如人员培训），但绝大部分是需要业务部门的经理直接承担。

　　另外，需要注意的是，"目标分解"不是"任务分派"。如果人力资源部经理把招聘的目标分给招聘专员，把绩效的目标分给绩效专员，把培训的目标分给培训专员……这就是任务分派。而目标分解不同，有些目标下属是不能直接承接的，比如上面提到的"核心员工流失率"，需要转换成与他职责相对应的指标，这就是目标分解。

　　分解的过程其实十分简单，可以采用金字塔原理的方法进行，用下图来表示：

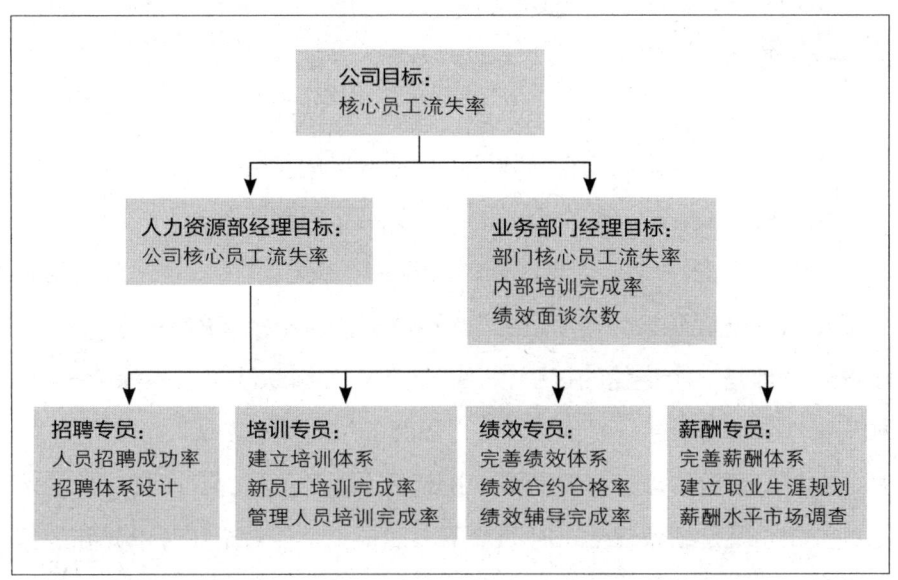

设定绩效目标的目的就是：上下级之间明确工作方向和重点，保证战略和目标的一致分解。这个才是绩效目标设定的重点，至于目标值，它只是一个假设的期望，而这个期望是否合理，只有天知道。因为市场环境、政治经济环境、天灾人祸，都不是设定绩效目标的人可控的。正所谓：谋事在人，成事在天。这就从一个侧面解释了华为中高层的绩效目标往往上半年都过去了还没有完成沟通签字，但是这并没有使各部门的工作陷于停滞，比如市场一线的每一个人都知道：市场就是要订货、收入、回款、利润，越多越好，越快越好；挣得多，分得多。

需要注意的是，单纯强调个人绩效，可能会偏离组织目标。

如果在某个企业当中，强调的是个人的绩效指标而忽视团队的绩效指标，那么常常会导致组织中缺乏合作的气氛，每个人都习惯于从自己的角度出发考虑问题，不能将相关的人员或团队当作客户来对待。例如，在一个广告公司中，绩效评价是按照每个业务员拉到的客户数量和广告费用来评定的，这样就出现了业务人员纷纷"圈地"，相互之间戒备、保密等倾向，反而使一些大客户丢失。在这种情况下，如果这个广告公司对绩效管理系统进行了改变，增加了团队绩效的指标，并且把将客户资料提供给他人作为在绩效评价中所鼓励的一种行为，这样团队的合作精神就有了好转，整个企业的组织氛围也得到了改善。

　　绩效管理是一个"识别、衡量和提高个人和团队绩效，并根据组织战略目标进行调整的连续过程"。请注意，这个定义的关键在于指出了绩效管理是一个连续的过程，并且它应当和组织战略目标保持一致。如果管理者填写表格只是因为"人力资源部门的那些家伙"有这个要求，那么这样的绩效管理过程显然很难说是一个连续的过程。同样，评价员工绩效（也就是绩效评估）时如果不考虑员工个体对于业务单元和组织绩效的贡献，或者不考虑如何改善将来的绩效，那么这也和上述绩效管理的定义相悖。

第二节　目标要明确具体

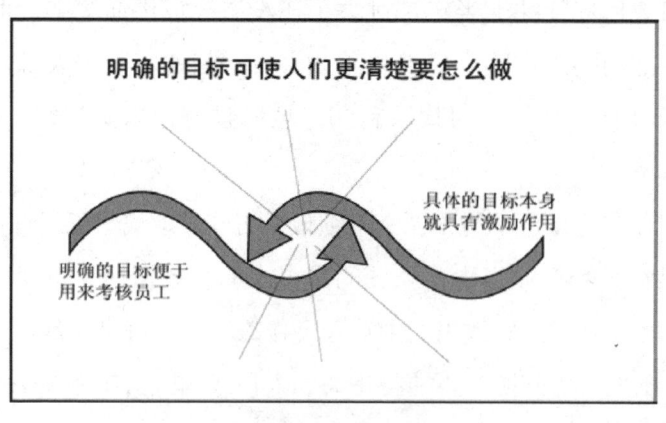

明确的目标可使人们更清楚要怎么做

具体的目标本身就具有激励作用

明确的目标便于用来考核员工

一位父亲带着三个孩子到沙漠捕猎骆驼，他们到达目的地后，父亲问老大："你看到了什么？"老大回答："我看到了猎枪、骆驼，还有一望无际的沙漠。"父亲摇头说："不对。"

父亲以同样的问题问老二，老二回答："我看到爸爸、大哥、弟弟、猎枪，还有沙漠。"父亲又摇了摇头。

父亲再以同样的问题问老三，老三回答："我只看到了骆驼。"父亲高兴地说："答对了。"

制定目标之所以能够产生效果，秘诀就在"明确"二字；只有确立目标，才能获得成功。这也就是说，管理者在开始进行各种计划之前，都必须先把目标量化、具体化，以便对计划的进展与成效进行评估；再者，当外部情势有所变动时，也才能快速调整原定计划，采取更有效的方式予以回应。

目标设置理论认为：明确而具体的目标能够提高绩效，因为目标的具体化本身就是一种内在的推动力。

所谓明确具体指的是绩效目标应该尽可能的明细化、具体化。因为每一名员工的情况各不相同，绩效目标应该明确、具体地体现出管理者对每一位员工的绩效要求。从目标设置的具体性来看，目标内容可以是模糊的，如仅告诉员工"请你做这件事"，也可以是具体明确的，如"请在三天内完成这批文件的修订"。比如：某客户经理的绩效目标为"三天内解决客户投诉"，而不是"尽快解决客户投诉"；人力资源部培训经理的绩效目标是"第一季度 20% 的时间用于培训新员工"，而不是"尽量投入较多时间用于培训新员工"。绩效目标用明确具体的描述性语言，可以使每个人都能理解为同一个意思。

明确的目标可使人们更清楚要怎么做、付出多大的努力才能达到目标，也便于用来评价个体的能力。很明显，模糊的目标不利于引导个体的行为和评价他的成绩。因此，目标设定得越明确越好。

此外，具体的目标本身就具有激励作用。只有将这种要求尽可能表达得明确而具体，才能够更好地激发员工实现这一目标的愿望和努力，并能够引导员工全面实现管理者对他的绩效期望。比如"一个月内使市场份额增加 3%"和"使市场份额有所提高"两个目标相比，肯定是前者更能激励员工全力以赴。

目标的明确应体现在以下四方面：

①目标的执行者应明确：是独立完成，还是协作完成？

②目标的标准明确：所期望达到的数量、质量、状态等界限必须要清晰。

③实现目标的时间限定要明确。

④保证实现目标的措施要明确。

另外，对行为目的和结果的了解，可以减少行为的盲目性，提高行为的自我控制水平。另外，目标的明确与否对绩效的变化也有影响。也就是说，完成明确目标的员工绩效变化很小，而目标模糊的员工绩效变化则很大。这是因为模糊目标的不确定性容易产生多种可能的结果。

让目标明确具体的"5W 1H"法

华为公司在管理工作中极其重视工作目标的明确性，他们的管理者深知：只有心中对目标有数，才能保证工作的顺利开展，才能保证对时间的整体把握和全程控制。任正非自称："我没有思考什么远大的理想，我正在思考的不过是未来两年我要做什么，怎么做……"两三年的目标看起来不甚远大，而一旦考虑清楚了"怎么做"，就会使这个目标变得明确化。通过这个明确的目标，行为者将选取一条最短、最便捷的路径，因而效率也是最高的。

"5W1H"是对选定的项目、工序或操作，都要从对象（何事What）、地点（何地Where）、时间（何时When）、人员（何人Who）、原因（何因Why）、方法（何法How）等六个方面提出问题进行思考。

1. 对象（What——什么事情）

公司生产什么产品？车间生产什么零配件？为什么要生产这个产品？能不能生产别的？我到底应该生产什么？例如：如果这个产品不挣钱，换个利润高点的好不好？

2. 地点（Where——什么地点）

生产是在哪里干的？为什么偏偏要在这个地方干？换个地方行不行？到底应该在什么地方干？这是选择工作场所应该考虑的。

华为在国内的北京、上海、深圳、东莞等地均设立了研发中心。在靠近北京、上海等地建立研发中心，这是从人才构建方面考虑的，便于吸引京沪两地的高校毕业生和高端技术人才，解决华为的"脑力"问题；在深圳、东莞一带建立研发中心，则是从生产角度考虑的，利用了珠三角地区的产业配套环境，同时毗邻香港，出口通关也极其便捷。

3. 时间（When——什么时候）

例如这个工序或者零部件是在什么时候干的？为什么要在这个时候干？能不能在其他时候干？把后道工序提到前面行不行？到底应该在什么时间干？

4. 人员（Who——责任人）

这个事情是谁在干？为什么要让他干？如果他既不负责任，脾气又很大，是不是可以换个人？有时候换一个人，整个生产就有起色了。

5. 原因（Why——为什么）

做出某项决策前，管理者必会认真思考落实该决策的理由。例如，决定使用某项新技术前，会思考：为什么现在开发这项技术？这项技术会带来哪些收益？是否贴近市场？这项技术转化为产品后，是否能快速为客户所接受？

6. 方法（How——什么方法）

如何操作才能速度最快？如何操作才能更省时省力？如何避免失误造成的时间浪费？这是华为在目标明确过程中始终坚持的时间概念。为解决这些问题，华为公司对于操作规范、流程优化、最有效工作和省时方法等极为重视，并为此制定了相应的奖励制度。

根据以上 6 个要点，结合公司实际，管理者在确定目标前，必须对大目标进行详细分析，力求做到目标的高度明确化。

第三节 量化考核还是主观评价

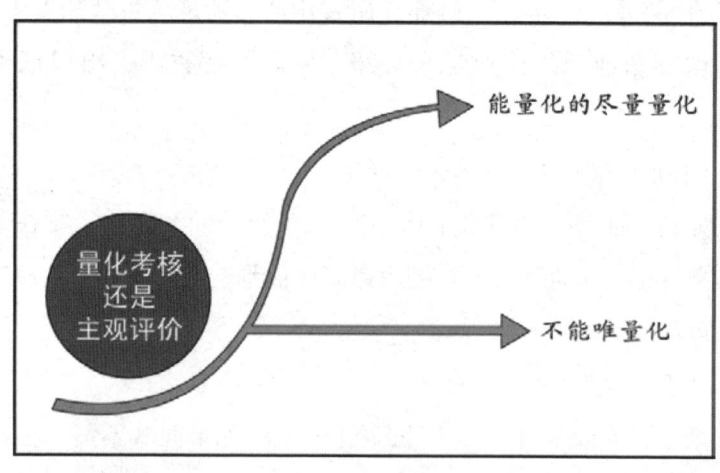

能量化的尽量量化

什么叫作量化？举个简单的例子：很多人喜欢喝酒，而且明明知道喝酒会伤身体也常常喝。为什么还要喝呢？因为对于喝酒伤身体到底伤到什么程度并不清楚，总是感觉喝多少都不会危及生命，对于酒对人的危害程度其实没有什么概念。

但是量化以后认识就深刻了。研究表明，喝一两白酒，肝脏就要连续加重 46 小时的负担，那么如果一晚上喝一斤白酒，肝脏会有多大负担，就可想而知了。由于量化，我们对于喝酒伤害身体的程度马上就有很清楚的认识了。

再看另一个例子。某公司提出一个目标：要按照国际一流标准建设好队伍。乍一听，这个目标很是振奋人心。但怎么实现呢？似乎不很明确。首先我们需要明确下面的三个问题：

第一，自己的员工是否知道自己还不是一流，而是处在二流甚至三流？

第二，是否能明确一流和二流的差别在哪里？

第三，从哪里开始创一流？范围、地域或者侧重点是什么？

知道了什么叫作国际一流，与一流相比差在哪里，从哪里开始创一流之后，再把这些内容进一步划分，这就叫量化。

如果目标没有量化，每个人、每个部门都不知道自己的职责所在，在工作中就会出现互相推诿、扯皮的现象。这样的话，目标就只能是一句空洞口号，从而影响整个企业的发展。

能量化的尽量量化，首先要检查职能部门的工作，哪些工作可以量化，很多职能部门的工作目标都可以量化，这时直接量化就可以了。如培训工作，可以用培训时间、培训次数来衡量；制度工作，可以用制度制定的数量、违反次数来表示。难的是那些比较笼统，很难直观的工作，如提高质量水平、抓安全促生产等，针对这些工作，可以通过目标转化的方式来实现量化，转化的工具就是数量、质量、时间、成本等元素。通过目标的转化，许多模糊的目标就可以豁然开朗了，如下图：

维度	目标转化描述	考核依据
数量	1. 每月召开质量协调会议一次 2. 每周都要对重点部门进行质量巡检 X 次	会议记录 巡检记录
质量	1. 产品质量达标率要在 X% 以上 2. 质量管理体系年审复核通过	客户评议 年审记录
时间	1. 出现的任何质量问题，都必须在 X 天内解决 2. 每月 X 号上交本月质量分析报告，报告符合要求	质量记录 分析报告
成本	质量造成的损失必须控制在 X 元之内	财务统计

麦当劳在全球的管理可谓盛名，特别是麦当劳独特的克隆方式更是其保持长盛不衰的秘诀。不论你在全球的哪个地方，每一家麦当劳都和你所熟悉的麦当劳一模一样，会让你有种亲切感和温馨感。麦当劳做到这一点关键就在于目标的量化。

任何一家麦当劳店都有一本专门的经营手册，除了指导员工的行为外，更有严格遵守的标准，其中包括食物配置、设备维护、店面环境等。比如，手册要求门窗一天必须擦两次。

此外，在食物的配置上也是如此，小面包只能是 3.5 英寸（约 8.9 厘米）宽，一磅（约 0.5 千克）肉所含脂肪必须少于 19% 等。在食品出炉后存放的时间方面，规定炸薯条是 7 分钟，汉堡包是 10 分钟，咖啡是 30 分钟，若超过时间则要将食品倒掉。正是这些具体到数字的量化目标才保证了麦当劳始终如一的行为标准。

总的来说，目标的量化是使目标由抽象到具体的重要一步，将目标转化为可量化的指标，在具体考核时才有章可循。例如，公司财务部某个员工具体负责部分工资表的制作，如果这个目标的完成程度，直接和考核联系起来似乎有难度，但是如果具体量化为月份或年度工资计算正确率可能就好操作许多。

华为在实施绩效管理过程中，考虑3个关键的量化指标：时量、数量和质量。其中，时量是指完成工作的时间量；数量是指完成工作的数量；质量是指完成工作的程度和标准。这3个指标既是布置工作的要求，也是衡量工作效果的指标，贯穿于工作的全部过程，缺一不可。

1. 时量指标：不是唯一的时间量化指标，只是为量化工作提供一个参考，而且时间的累加也不是完成一项工作的时间最终值。这是因为动作或工作单元之间存在着同步性。时间类标准包括期限、天数、及时性、推出新产品的周期及服务时间等。

2. 数量指标：不只是完成工作项目的数量，还可以是产量、次数、频率、销售额、利润率及客户保持率等。

3. 质量指标：可以进一步具体为百分比或次数，如准确性、满意度、通过率、达标率、创新性及投诉率等。

2014年华为宣布了一个目标："未来四年华为收入有望翻番，到2018年华为将成长为一家700亿美元规模的公司。"创立20多年来，华为从7名员工发展到15万名员工（其中外籍员工3万多名），从2万元创业起家到销售额2390亿元，作为一家民营企业，华为的发展惊人。

事实上，华为之所以提出新的目标与华为一直重视收入规模有关，任正非曾说："我们怎样才能活下来。同志们，你们要想一想，如果每一年你们的人均产量增加15%，你可能仅仅保持住工资不变或者还可能略略下降。电子产品价格下降幅度一年还不止15%吧。我们卖的越来越多，而利润却越来越少，如果我们不多干一点，我们可能保不住今天，更别说涨工资。不能靠没完没了的加班，所以一定要改进我们的管理。"

在大目标面前，人们容易产生一种恐惧感，觉得可望而不可即，于是总想着放弃。而且目标"大"，就不容易出成绩，时间一长，人们就会因为没有成就感而变得沮丧，甚至可能放弃目标。但是，把大目标分解成小目标后，目标就在眼前，既容易找到，也容易完成。人们的信心就会大增，当然会更努力前进了。所以，无论你树立的是关乎人类命运的"大目标"，还是关乎个人命运的"小目标"，要想实现目标，都应该将其量化，一小步、一阶段地实施。

对于企业来说，作为一些职能部门岗位来说，工作繁杂琐碎，无法确定其工作核心是什么，不好量化，而且量化了也不一定做到全面、客观。此类典型职位包括办公室主任、行政人员、内勤等。碰到这种情况，我们可以采取目标细化的方式：首先对该职位工作进行盘点，找出该职位所承担的关键职责，然后运用合适的指标进行量化。这样，经过细化的指标就基本上能够涵盖其主要工作。如办公室主任，经过梳理其关键职责有几条，然后就可以用相应指标衡量了。

不止工作指标越来越细化，华为人力资源部负责招聘工作的孙维的工作内容也越来越强调用数字说明工作的完成情况。

孙维接到写计划书的工作安排。"月初先把该月计划要做的工作列出来，月底看完成情况。"孙维说，"不仅如此，许多以前没有见过的细化指标也出现在我的工作计划书里。"

在他的工作计划书中，"招聘成功率"及"新聘员工的离职率"代替了原来的"是否招到人"和"招到几个人"的考核条目。

此外，许多之前难以考核的定性指标也逐渐量化，比如实施公司HR信息的管理或上报提交。"这是人力资源部的一个常规工作，每个月都做，有时候可能信息根本就无须改动，也要报上去，原来的考核指标是：你报还是没有报？这是纯定性的，作为上司，只有'是'与'否'

的两个定性的选择。这在操作过程中显然有不尽合理之处。"孙维举例说，"比如，有时候可能按时报上来了，但数据有一些小差错，你怎么衡量？有时候可能是推迟一天报上来了，但信息是准确无误的，这又该如何判定？"

后来，考核孙维的这个指标也实现了数字化，分解为"员工人力资源信息与实际情况的吻合程度"、"员工信息有变动的时候是否及时更新（如每周更新）"、"是否按时上报"等考核指标，把这些指标套进 A、B、C、D、E 五级评分标准中进行评估，如此，对员工的工作要求就一目了然，HR 信息定时上报的情况得到了彻底改变。

值得注意的是，在华为，考核推行的步骤也被量化了，实施强制分布原则，分为 A、B、C、D 四个档次，规定每年年底，属于最低 D 档级的不得少于员工数的 5%，（三级主管以下）季度考、中高层管理人员半年述职一次，在考核的同时，设定下季度的目标。如果属于 D 档的，晋升与薪酬都会受到影响。

不能唯量化

有一种说法，认为量化考核才是精细管理，主观评价是拍脑袋，纯属游击队作风。

主观评价方法存在的问题有目共睹：第一，不客观，被考核者容易产生不服的情绪；第二，时间上的近期效应，近期表现好的容易留下好印象，以前的成绩和过错容易被忽略；第三，空间上的光晕效应，一白遮百丑。

主观评价的缺点需要通过更加深入具体的日常考察加以克服，在组织规模大而且层级多的情况下这一点不容易做到，因为得到的信息是经过层层过滤的，在此信息基础上的分析不易做到真实反映实际。因此除了采取各种措施确保观察到的信息真实外，还可将组织划分成几块工作性质具有可比性的小块，以及不具可比性的公共部分。具有可比性并具备量化考核条件的小块，以量化考核为主、主观评价为辅，适当减少日常考察强度；不具可比性的公共部分以量化数据为辅、主观评价为主，通过更加细密深入的过程交流提高主观评价的准确性。

应该说，量化与拍脑袋并没有高低之分，各有自己的适用环境，不存在简单的递进关系。量化考核用数据说话，可以减少主观随意性，其不容置疑的客观性有助于减少考核方与被考核方之间的扯皮。

但实行严格的量化考核也有条件限制：第一，需保证目标和绩效容易度量，否则数据采集成本可能远远高于收益；第二，需保证考核项目与最终目标直接挂钩，有时为了便于量化，只好把过程数据拿来考核，结果造成考核数据很好看，但最终目标早已被忘在九霄云外；第三，需要保证考核项目覆盖全面，否则过于强烈的牵引会造成非考核项目更加无人关心的局面，同时覆盖全面通常意味着数据采集成本大幅上升；第四，考核项目彼此之间不能有太多协同关系，否则容易出现十项全能冠军什么也没干出来的尴尬局面，如同世界小姐评比中如果把眼睛、嘴、脸型独立打分再求和，相信多数情况下总分最高的不见得是最漂亮的。

那种希望用量化数据和完美算法来简单替代主观评价的想法是危险的，特别是当考核对象的业务没有横向可比性时。

在难以量化或者只能部分量化的情况下，主观评价能够较好综合表象与本质、短期与长期、局部与全局的关系，从而给出最恰当的结论。围棋中评价某块棋"势厚"或"势薄"纯属主观评价，就目前的分析手段尚无法做到量化，但这并不妨碍棋手做出决策。

有性质类似比较对象的，如不同产品线之间，或者工作性质类似的员工之间，量化考核比较适用。独一无二性质的职能部门，建立在细致深入的过程行为观察基础上的多角度主观评议比较适用。绩效容易量化的宜采用量化考核以降低日常管理监控成本，绩效不易量化的宜采用得当的主观评价以降低数据搜集等考核成本。处于中间灰色地带的需要具体情况具体分析，但要坚持提高投入产出的原则，不能单纯追求客观或简便，应做到"有数据，不唯数据"。

在考核员工的管理能力方面，华为尽可能地不唯数据。对责任结果较好，但管理能力（包括沟通能力、协调能力、团队感召力等）一般的员工，华为认可其绩效和贡献，但同时也更加慎重地加以考察。有的员工自我管理能力很强，个人绩效和品德素质也较为突出，但不善于与他人沟通，在团队中也缺乏威信。这样的人能成为一个好员工，但可能不是一个好领导。在基层干部考核和任命时，除绩效考核外，重点考察其管理能力和培养潜力。与责任结果 KPI 等考核指标相比，对素质和管理能力的衡量标准相对比较笼统，评价容易带有主观色彩。

对此的解决办法就是进行全方位评价和考察：既要看主管的评价，更要听一听员工和下属的意见。2002 年年底，华为南京研究所实行三三制组织结构调整，曾采取问卷调查结合访谈的方式，从职业素养、项目管理、职业技能和团队建设四个方面，对 PL（Project Leader，即项目组长）进行了管理能力任职评估。调查对象为 PL 的全部直接下属、直线主管及更上一级主管。对员工评价结果普遍较差的 PL，建议部门考虑更换，或由主管对其进行诫勉谈话，督促其改进。

从 2003 年年初开始，南京研究所全面推行团队测评体系。团队测评的核心理念是：团队的绩效就是部门主管的个人绩效，反之亦然。作为一个团队的主管，不但自己必须是一个能冲锋陷阵的能手，还必须是一个能带领团队攻城拔寨的主帅。团队的整体绩效是部门主管的"紧箍咒"，是干部提拔任用的前提和必要条件，团队测评的结果要全面应用于该部门的调薪、奖金包、职级比例的分配。另外，主管还必须注重自身业务素质的提升，在团队建设、组织氛围等方面不断进行优化和创新，员工普遍反映不够好的也不予提拔。良好的自身素质是干部任用的充分条件。

通过一年以来的反复实践和不断改进，南研团队测评体系已成为引导各部门提高组织绩效的有力工具，进一步强化了各部门的责任和目标意识，在干部选拔任用方面也积累了不少经验，实现了对主要工作的目标牵引和压力传递。

第四节 PBC：目标分解

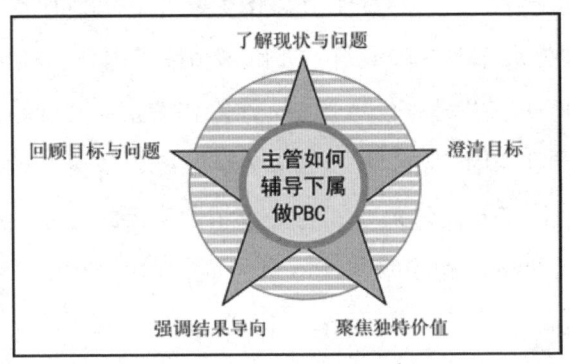

华为的绩效计划，采取 PBC（Personal Business Commitment，即个人业务承诺）方式，在全集团范围内通过自上而下地将集团、部门的工作目标逐级分解到每一位员工的方式，由直线经理与员工签订 PBC 协议，以实现组织绩效和个人绩效的有机联结。PBC 制定由部门与员工进行沟通确认。

每个员工都要在年初制定自己的 PBC，并列举出在来年中为了实现各个方面的目标所需要采取的行动，相当于立下了一个一年期的"军令状"。制定 PBC 时，需要个人与其直线经理共同进行商讨，这样可以使个人计划与整个部门计划相融合，以保证其切实可行，即你的所做所想要符合企业的价值观。

然后，这一年中，员工的直线经理会根据员工的工作表现和 PBC 目标达成情况对员工做出绩效评估，包括季度评估和年底评估。员工的绩效评估结果也将与自身的薪酬、晋升、发展紧密相连，体现于绩效奖金发放、员工薪酬调整、员工晋升、岗位变更、员工培养发展等。

从 2009 年开始，华为的员工主要按照半年度为周期对 PBC 进行设计，二级部门主管以上主要以一年为周期进行设计。对于 PBC 计划内容，要求要有明确的权重区分及目标衡量标准，在工作的具体开展过程中，如遇到突发事件和重大的人事变动，需对事先制定的 PBC 进行及时调整更新。

华为 2009 年推行新的绩效管理模式，其特点是：一、主管的 PBC 中更多体现其重点投入的工作；二、个人 PBC 开始更多关注员工的价值认同和成长。重点工作列出了不可接受、达标、挑战三个目标，更多牵引员工主动思考、挑战自我。

工作任务很多很杂，事情也经常变，怎么制定好 PBC？对员工而言，PBC 目标体现了组织的要求，为个人明确了努力的方向；对于主管而言，通过与下属沟通 PBC 目标并达成共识，从而带领团队高效达成组织目标。

作为主管，在 PBC 目标制定过程中，需要做好以下方面的工作。PBC 目标的制定和沟通，不是"一次性活动"，除了正式的 PBC 目标沟通，在日常工作中，结合某项具体工作的沟通和对齐仍然是必不可少的。

PBC 聚焦的是结果与要求，而不是动作与指标；关注的是激发与牵引，而不是考评沟通。PBC 的制定过程比 PBC 本身更重要，制定 PBC 及绩效管理过程，比一纸 PBC 更重要。充分交流双向沟通，达成

PBC 的过程，就是传递华为的期望和要求的过程。PBC 的制定过程，就是为了实现上下对齐：事情的对齐、思路的对齐、深层次认知，最终达到价值观的对齐。

主管如何辅导下属做 PBC：

1. 了解现状与问题："产品线 2009 年与 2008 年比有哪些变化？这些变化对您这里的业务提出了什么要求？您是怎么考虑的？"

2. 澄清目标："您今年要达到什么目标？您的目标为什么是这样的？"

3. 聚焦独特价值："哪些事情是您必须花很大精力去关注的？这些事情，哪些是您主管做的？哪些是您下属做的？哪些是您做的？为什么必须由您来做？不做行不行？做好这件事情的关键是什么？"

4. 强调结果导向：强调必须明确真正成功的标准是什么。"这件工作怎么样就算落地了？做到什么程度您的主管（或客户）就很满意，或就体现了你的价值？"

5. 回顾目标与问题："这样目标就可以实现了吗？问题就可以解决了吗？您的主管（或客户）就满意了吗？"

另外，对于主管而言，个人绩效 ≠ 组织绩效，个人绩效是组织中最重要的、能够体现个人独特价值的绩效；组织绩效是通过组织的日常运作能够完成的绩效；PBC 应包含这两个部分，并重点突出个人绩效，这样才更能牵引被辅导人向独特价值聚焦。

如果主管能够通过以上思路一路走下来，感觉至少可一举三得：

1. 真正实现上下对齐。主管会非常深入地了解下属的业务领域，在互动中理清业务思路，真正实现上下对齐。通过这一次充分彻底的沟通，日常的沟通就会少很多，大大降低日常的沟通成本。

2. 为下属赋能。顾问从来不下结论，而是不断地启发，对员工来讲，互动的过程是员工开启思路的过程，是被"授之以渔"的过程。

3. 各岗位各得其所，团队高效运作。通过不断刨根问底地澄清下属所在岗位的独特价值，能够把每一位下属最主要的精力聚焦在最关键的事情上。用顾问的话说，"让主管、下属、主管的主管都做他们最该做的事情"，这样能保证团队的强战斗力和高效率。

过去华为在基层作业员工上面，也是跟其他的员工采用一样的方法，一般是季度考核然后写PBC，这样的管理动作虽然很规范，也使得整个公司的管理是高效率的，整个行事统一、高效率。但是带来的问题就是华为基层的员工，特别是生产线上的员工，他们做的工作其实是相对简单的，也是比较单一的，当他们在工作中间，会发现让他们花很多时间考虑PBC，做大量的主管和员工的绩效沟通，其实他们的投入是非常低的，这从华为实践来看也没有特别大的作用。

另外，对于基层作业员工，季度评价的周期相对来说有些长。基层作业的员工希望更短周期对自己工作进行评价，有一个更快的回报，包括及时激励，包括月度奖金、项目奖金等内容，能够给到员工，使他们评价、回报周期更短，更适应他们的管理。所以华为现在的绩效工作出现了这样一个变化，过去都是统一的要求，现在根据不同层级的管理者，分别采用了不同的考核周期、考核方式、考核内容还有考核应用。

对于中基层的管理者和员工，基本上还是用华为十几年一直比较成熟的体系，通过PBC的管理，一般发展会有半年度和年度的考核，年度的结果主要用于各种激励，半年度的结果通常直接激励，用于各种辅导改进。对高层管理者出现了分化，高层管理者更加着重于中长期目标的关注，比如一些大客户的长期的任务管理。作为基层员工，不再使用原来的PBC模式，就是用一些要素考核表，对他们的考核就是调试了多少单板、多少主机，质量怎么样，有多少漏测，有没有出现大的事故。这样的考核，使华为的高层管理者关注战略，关注对公司未来较长时间里面有积极理想的工作，和对基层作业员工们，华为更加强调及时激励、及时评价，帮助他们在日常工作里面快速改进华为的绩效管理。经过十几年的努力之后，现在发生的变化主要是分层、分级、分类的考核，更适合于各层、各类员工的需要。

第五节 目标的后续追踪

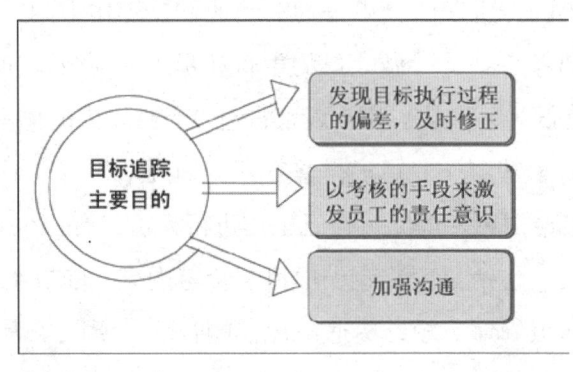

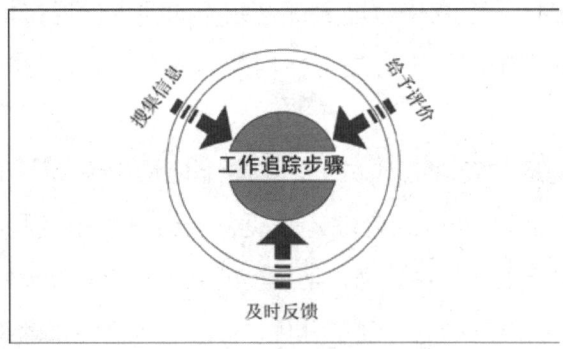

根据管理大师彼得·德鲁克的观点，绩效目标管理所要达到的两个核心目的：一个是激励，一个是控制。通过设定目标对整个组织的行为进行控制，从这个意义上讲，那就不只是设定目标，而是要使整个组

织把各种资源调动起来，围绕目标往前走，这就需要不断对工作进行追踪。如果发生了偏离，通过工作追踪及时把这个偏离的情况进行评估，然后把这个信息进行反馈，并采取一定的措施，保证目标能够按照原来的设定实现。

追踪管制是目标执行过程中所不可缺少的环节，它不是对下属工作的简单监视与部署，也不是对其行动进行严厉控制的手段，而是协助下属解决在目标执行过程中所遇到的困难，使其一直处于工作的正常轨道上，按时保质地完成任务。

有的领导认为工作追踪应以下属的工作表现为主，每天都能保证不迟到、不早退，在领导视野所及的范围内勤奋工作的就是好员工，问他们这样做的理由，他们会说"我就看到某某工作认真了，所以他就是好员工，某某人我从来没看见他干什么"。

实际上，因为领导的精力有限，不可能对所有下属的工作表现都能凭着主观的感觉感觉到。一方面造成工作追踪的片面性，另一方面，很可能伤害到其他员工的感情，从而起不到工作追踪、进行阶段性工作评价的作用。到头来，没有人再去重视这个过程。

因此，工作追踪应当着重于客观性的标准——工作成果，同时也要兼顾主观性的标准——工作方法和个人品质。

工作追踪是追什么？是追踪业绩情况与目标的距离，还是追踪他和绩效目标之间的偏离程度？应当说，工作追踪首先要追踪的是他是不是在朝着目标走，偏离目标是最可怕的，表面上完成计划并不等于没有偏离目标。

要确保完成绩效目标执行的任务，必须追踪绩效，了解执行过程所发生的各种状况，以便及早协助或加强管理。

美国赛跑选手彭思特（Peng Rest）就是一个很好的例子。他认为如果快跑到终点时才发现跑得不够快而想加速，其实已经迟了。因此在训练时，他为了能有足够的时间调整速度，在每四分之一公里的地方，安排一位手持秒表的人，当他经过时，便告诉他时间。于是他便知道自己跑得怎么样，该如何控制速度。最后，他终于打破了世界纪录。这便是"执行过程加以追踪"的好处。

在绩效目标的执行过程中，企业应及时对目标的执行情况进行追踪。追踪管制是针对绩效目标，衡量工作成果，改正偏差，确保目标的实现。追踪管制是目标执行过程中不可缺少的工作，它不是监视部属的工作，也不是严厉的控制行动，而是协助部属解决困难，引导其步入工作正轨，顺利完成企业的总目标。

企业实施绩效目标管理，进行目标追踪，其主要目的有：

1. 发现目标执行过程的偏差，及时修正。

2. 以考核的手段来激发员工的责任意识。

3. 加强沟通。目标进度的追踪检讨，可以利用会议方式举行。如果能加强沟通，上下级间的结合会更加默契，使目标追踪工作更加有效。

总之，不同的企业在实施目标管理时会遇到不同的问题，因此，其实施目标追踪的目的也相应地有所差异，企业应根据目标实施的具体情况，确定最适合的目标追踪目的。

工作追踪第一步：搜集信息

搜集信息现在主要有这样几种途径和方式。

A. 建立定期的报告、报表制度。很多公司销售部门、生产部门的定期报告制度要好一些，甚至连值班日志都已经很规范了，但其他大多数部门可能就是以口头汇报为主，这是不行的，一定要制定严格的报告、报表制度。

B. 定期的会议。

C. 现场的检查和跟踪。

这些工作就方法而言，并不复杂，但关键是要能细致并且不断坚持。

工作追踪第二步：给予评价

在对工作追踪进行评价时，要注意以下四个要点。

第一，要定期地追踪。管理者有时候工作一忙，就顾不上去了解下属的工作情况，而一旦形成三天打鱼、两天晒网的习惯，下属的工作就有可能渐渐松懈。对下属工作追踪要养成定期的习惯，同时让下属也感到主管有定期检查的习惯，这是非常重要的。

第二，分清楚工作的主次。管理者的事务很多，不可能事事追踪，因此一定要分清事情的主次，对重要的事一定要定期检查，而次要的事则不定期抽查。

第三，对工作进行评价。工作评价的一个重点是看目标是否偏离，有时候是与目标有差距；有时候是具体的方法的差异；有时候看上去业绩实现了但目标实际上是偏离了，就像前文所述分公司的例子。如果评价发现目标有偏离，就要及时把它拉回来。

第四，避免只做机械式的业绩和目标的比较，应当发掘发生偏差的原因。

工作追踪第三步：及时反馈

领导必须定期地将工作追踪的情况反馈给下属，以便下属：

1. 知道自己表现的优劣所在。

2. 寻求改善自己缺点的方法。

3. 使自己习惯于自我工作追踪及管理。

如果发现下属目标达成不理想，那么可以提建议。有的下属，当你指出他的工作偏离了目标，他能够很快地意识到这一点，根据主管的建议去进行调整。另一种方式就是强行把目标拉回来。

不论是采用哪种方式，都必须做到及时反馈，这样坚持的时间长了，大家就会发现，凡是偏离公司目标的事情是绝对不允许的，这就在公司内形成了一个基本的职业原则。既激励大家去完成任务，又威慑那些有可能故意偏离目标的人。

IBM：以PBC为中心的绩效考核体系

好的沟通渠道能够形成通达的企业氛围，人和企业制度达到互动，就会激发员工开动脑筋，改进工作，形成健康活泼的企业文化，这将从根本上保留一个企业的价值。

IBM的企业文化是尊重个人，追求卓越，激发员工的潜能，达到高绩效。在IBM公司里，谈起业绩考核，人们经常说的一句话是："让业绩说话。"（Performance Says）

IBM的绩效考核体系是以一个称为"个人业务承诺"（PBC，Personal Business Commitment）的项目为中心展开和运作的。

这个体系是建立在一系列绩效管理目标基础之上的，在这一点上与很多绩效管理优秀的跨国公司并没有什么不同。

PBC是一个业绩管理系统，IBM的所有员工都要围绕"力争取胜、快速执行、团队精神"的价值观设定各自的"个人业务承诺"。年初每个员工都要在充分理解公司的业绩目标和具体的KPI指标的基础上和在部门经理的指导下制定自己的PBC，并列举出在下一年中为了实现这些业绩目标、执行方案和团队合作这三个方面所需要采取的具体行动。这相当于员工与公司签订了一个一年期的业绩合同。

个人业务承诺的制定是一个互动的过程，是通过员工个人与直属主管和经理不断的沟通过程中制定的，不是简单的任务分解和对上级命令的执行。这种做法可以使员工个人的业务目标与整个部门的业绩目标相融合，进而与公司业务目标紧密结合，提高员工个人的参与感，落实每个岗位的责任并调动了员工工作的主动性，同时可以保证其目标得到切实的执行。要想在 PBC 评分上取得好的等级，就必须清晰了解自己部门的业绩目标，抓住工作的中心，充分发挥团队合作优势，并强调切实执行。这三个承诺具体细节如下：

第一个承诺：承诺必胜（win）。赢得市场地位，高效率运作，快速做出反应，准确无误地执行，发挥团队优势，取得有利形势。这个承诺要求成员要抓住任何可以获取成功的机会，以坚强的意志来鼓励自己和团队，并且竭力完成如市场占有率、销售目标等重要的绩效评估指标。每个人都要求自己必须完成在 PBC 中制定的承诺，无论遇到多大的困难，都要努力向前。大家都必须知道胜利是第一位的，完成业绩目标最重要。

企业在充满竞争的运营环境中是要遭遇很大压力的，非常现实，股东关心的是公司的最终绩效结果，是投资回报和股票价格，股市会非常客观地反映出企业的经营状况，达不到事先承诺的目标，董事会对公司领导层和总裁是不会手软的。因此，必胜的信念和对自己承诺的目标的坚决执行是十分重要的。

第二个承诺：承诺执行（execute）。在 IBM 永远强调三个词，即执行、执行、执行，不仅需要计划、目标和承诺，更重要的是执行。执行是一个过程，它全方位地反映了员工的素质，业务流程的改进和执行能力的加强需要无止境地挑战自我潜能，在管理上效力于修炼和创新。

第三个承诺：承诺团队精神（team）。即各个不同单位和部门在同一个业绩目标下相互沟通，共同合作。IBM 采用非常成熟的矩阵式组织结构管理模式，往往一个项目或一项业务会涉及很多部门，需要跨部门沟通和协作，才能充分发挥公司的整体优势并充分利用公司资源，同样，如果在业务中遇到了麻烦，也能从全球的各个单位和同事那里获得帮助。在 IBM，Teamwork 的意识是非常重要的，任何人在工作中随时要准备与人沟通，与人合作。只会自己努力做事不行，许多业务是一个人无法完成的，必须学习把团队合作作为思考问题的出发点和工作习惯。

　　一言概之：IBM 的 PBC 绩效管理模式要求每一名员工都必须清晰理解公司和自己部门的业绩目标，抓住工作重点，发挥团队优势，并彻底执行。

（本文摘编自《IBM 的 PBC 通透的绩效管理文化》；作者：旭东；来源：《首席财务官》，2010）

华为网络产品线总裁辅导下属制定PBC

2009 年 4 月 10 日，网络产品线总裁丁耘正在为做好与下属的 PBC 沟通忙碌地准备着。在他的桌面上，放着各二级部门主管已经完成的 PBC 初稿。对于每个主管的 PBC 初稿，他都认真阅读，并标记出"哪些地方需要改进，哪些地方是需要自己提供帮助的"，准备好相关的问题提纲。同时，他还就 PBC 沟通过程中，应采用什么样的沟通方式，需要注意什么，咨询了 IBM 顾问的意见，并接受了 IBM 顾问的辅导。

4 月 13、14 日，丁耘与各二级部门主管"一对一"的 PBC 沟通如期进行。在沟通过程中，丁耘与各二级部门主管针对 PBC 进行了深入的沟通。从业务目标、人员管理、价值观与行为，到能力提升计划，都在他们交流的范围之内。在这个过程当中，丁耘应用教练式辅导的方法，更多的是扮演提问者和倾听者的角色，大部分时间都是让下属在说。而在沟通过程中，他会适时对某些问题进行发问，引导下属自己去思考，去寻找答案。如他经常问"在这方面，你准备怎么去做？"、"你在这件事情上的独特价值是什么？"、"你认为你在这中间能起到什么作用？"等等。而在一些关键问题上，他也会分享自己或别人的成功经验，给予正向反馈。同时，对于下属来说，他们也能通过这一次深入的沟通机会，与主管交流自己的想法和思考，校正彼此之间的认识差异，并进行及时的求助。正因为如此，原定每个人 1.5 个小时的沟通时间，由于沟通和辅导的不断深入，经常被延时，有的甚至延长到 2.5 个小时。通过这次 PBC 沟通，丁耘与各二级部门主管，很好地就绩效目标进行了深入交流，消除偏差，达成共识，实现上下对齐。

在这次 PBC 沟通过程中，参加沟通的二级部门主管们都有一个深刻的体会，那就是：在平时，我们以为与直接主管的沟通很顺畅，但实际上很多直接主管认为重要的工作，我们并没有发现，这就是说还存在上下不一致的地方。因此，PBC 的沟通还是非常必要和有效的。以前，很多主管都以"工作忙，没有时间"为理由，很少对下属的 PBC 进行沟通与辅导。他们在潜意识里，把 PBC 沟通当成不增值的工作。殊不知，正是因为在前期没有把工作方向和重点讲清楚，导致工作中走了很多弯路，这反而要花更多时间去补救，有时还可能导致非常不好的后果。同时，这样的沟通过程，也是主管与下属相互学习、共同成长的过程。对此，丁耘说道："在 PBC 沟通中，我问的问题，有些已经有答案。但有些问题，我是期待从下属的反馈中获取信息。我只是在引导大家，这样一个双向沟通的过程，也是大家的启发和碰撞。"而下属也反馈通过这一次深入沟通，不论是工作方法，还是管理方式上，都获益良多。例如有下属反馈："丁耘给了一些很好的工作方法指导，好的工作方法可以事半功倍。有些方法是我自己想出来的，但也是在丁耘的启发下思考出来的。"

附：参加"一对一"PBC 沟通的部分二级主管的反馈

反馈 1：这次"一对一"的 PBC 沟通，是一种非常好的形式。通过 PBC 的沟通，可以实现上下对齐，一方面传达上级主管对我的期望，另一方面我的困惑也得以反馈，这样的双向沟通效果很好。

反馈 2：我感触最深的是丁耘如何教练式辅导、启发下属去思考。在辅导中，他不是直接告诉我答案是什么，而是牵引我主动思考。同时，丁耘与我分享他和其他人的经验，我觉得这种方式很好。在这两个多小时里，我不仅学到了很多好的管理经验，而且也有机会将求助和困难以及我平时想说而来不及说的都表达了。还有一个细节，我感觉很好，在沟通过程中，丁耘很认真地把我的意见和诉求记录在笔记本上，这表明了他是将我的话当一回事。

反馈3：时间充分，平时不容易讲清楚的事情讲得很清楚。沟通中，丁耘留了很多时间让我讲，我们讨论的时间也非常多。丁耘有时会连续问：你在这件事情上的独特价值是什么？如之前我准备PBC时，将述职时的很多内容拷贝上去，PBC上列了一大堆指标。后来发现每个事情我都是在推动，没有发现自己在其中所起到的独特价值。还有，之前我觉得"价值观和行为"这方面没什么好写的，但与丁耘沟通后感觉收获很大。

相关链接：

在2008年年底，经产品与解决方案体系行政管理团队（PSAT）讨论确定，2009年在产品与解决方案体系（PSST）全面推行绩效管理优化。与以前相比，优化后的绩效目标（PBC）制定更强调主管和下属共同沟通并达成共识，一起制定PBC。通过主管与下属的沟通，可以明确组织的期望，指明工作方向，并充分挖掘下属的工作潜力，帮助下属成长，实现组织与个人的"双赢"。

（本文摘编自《网络产品线总裁"一对一"教练式辅导下属制定PBC》；作者：黄东毅；来源：《华为人》，2009）

▼

绩效目标的制定与分解过程中常存在的误区

绩效管理是人力资源管理的难点，而绩效目标的制定与分解又是绩效管理的难点之一。企业在绩效目标的制定与分解过程中应避免以下误区：

一、拍脑袋决策，喜欢定大目标、超前目标，动不动就是业绩翻几番、进军行业前几强，结果是说起来激动人心，做起来无从下手。因为他们只关注要达到什么样的目标，却没有考虑要怎样达到这个目标，对企业的现实情况和资源配置缺少科学的分析和判断，结果导致目标执行无疾而终。

二、缺乏充分沟通。在绩效目标制定和分解的过程中，主管没有与员工进行充分的沟通，绩效目标完全由主管拍板敲定，员工很少参与甚至根本没有参与的机会，这样就无法使员工认同个人绩效目标，绩效目标也就难以实现。

三、分解流程不对。一些主管因自身工作繁忙，往往先要求员工自己建立绩效目标，然后由主管审核提出修改意见。这种自下而上的流程看似节省时间，其实存在很大的问题。因为员工往往会从个人角度去思考绩效目标，很难站在公司或者部门角度去规划自己的工作。主管修订完之后还免不了要再次与员工进行沟通，这样反而会更加费时费力。正确的做法应当是自上而下进行分解。

四、绩效目标与战略目标脱节，绩效管理没有成为企业发展战略目标落地的工具。在制定绩效目标时，没有对战略目标进行分解，或者只是简单地进行任务分派，从公司到部门再到员工，绩效目标逐渐出现消解和淡化，部门的绩效目标无法承接企业的战略目标，员工的绩效目标无法承接部门的工作目标。

五、绩效目标不清晰。没有按照SMART原则来制定，目标值的设定、时间节点、计算方式、数据来源都没有界定清楚，导致绩效目标不清晰，员工理解有偏差，在考核中就很容易争执不休。

六、绩效目标过多，重点不突出。什么都想考，德、勤、能、绩，样样俱全。表面上看似详尽，实际上是眉毛胡子一把抓。什么都是重点，其结果肯定是什么都不是重点，冲淡绩效目标的导向作用。比如像员工违规违纪、迟到早退等能用规章制度来奖惩的，就不需要另设考核目标，否则就变成双重惩罚。

七、缺乏数据支撑，为考核而考核。有一些指标是很好的，比如"客户满意度"，但是它需要一套系统来统计分析，需要花费较高的代价，如果条件不具备也要强加进来的话，绩效考核就会沦为填表游戏，从一个极端走向另一个极端。这时我们应当忍痛割爱，暂时采用其他指标如"客户投诉率"来代替，等到条件成熟了再用这个指标。

八、过度追求量化。事实上指标的完全量化这是很难实现的，特别是职能部门，都是一些定性的工作，它们往往无法用简单的量化来评价其内在质量。绩效目标设计的最终目的不是"量化"，而是实现可以考核和评估，对于这些无法量化的工作我们要实现的是"可衡量"。可以通过对工作标准、工作产出进行明确描述和层级划分，让人们能区分出好坏优劣，工作结果就能一目了然。

（本文摘编自《明确绩效目标，做正确的事》；作者：曾双喜；来源：《人力资本管理》，2012）

第四章　HUAWEI 华为的绩效管理

绩效目标沟通

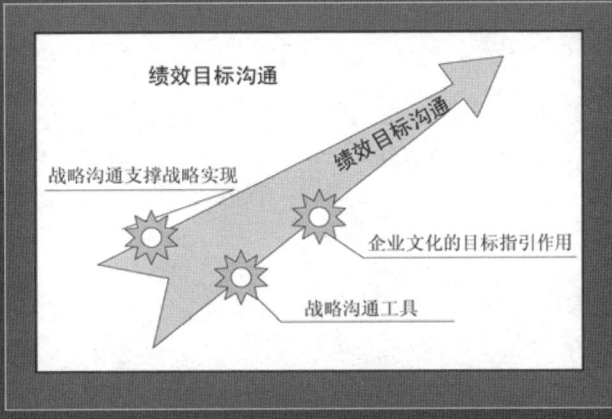

绩效目标沟通

战略沟通支撑战略实现

绩效目标沟通

企业文化的目标指引作用

战略沟通工具

战略沟通的结果，是让员工知道自己要做什么才能支撑公司的战略实现。

为华为的绩效管理

第一节 战略沟通支撑战略实现

　　绩效目标管理法第一个步骤是战略沟通。战略沟通的结果，是让员工知道自己要做什么才能支撑公司的战略实现。第二个步骤是组织协同。通过组织协同，员工要知道自己的行为如何在横向上支持需要自己产出的部门或成员。通过前两步横向和纵向的聚焦，员工才能开始制定一个明确合理的目标，所以第三个步骤是目标制定。因此我们可以明白，我们在做常规的目标管理的时候，为什么员工的目标不好制定，就是因为员工无法聚焦，而在绩效目标管理法中，在第三步才制定目标，而不是第一步就做目标制定。当员工制定了明确的目标之后，接下来就是考虑如何实现，所以必须针对目标制订计划，第四个步骤就是计划实施。最后，在计划实施之后，管理者要对员工的目标实现程度进行评估，同时对员工的绩效进行改进，帮助员工实现更具挑战性的目标。

　　以上五个步骤构成一个循环系统，每一次循环，都希望员工能够实现自己的目标，实现高绩效。同时，在下一个循环，员工要不断超越自己，实现更高的目标。所以，从本质上讲，绩效目标管理法的目的是通过五个关键的步骤，最终达到提升员工绩效，实现公司战略的目的。

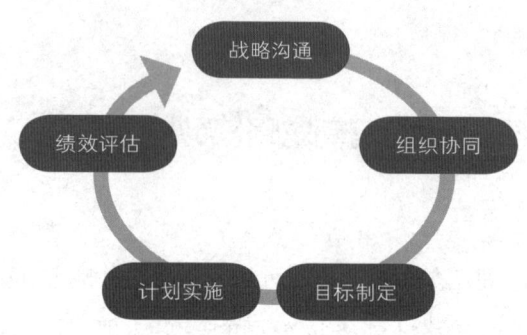

5S 目标管理法示意图

战略沟通的目标就是帮助员工理解战略，让员工的行为支持公司的战略。下表是一个关于高绩效组织和低绩效组织差异的数据：

组织绩效与员工目标及管理层沟通能力的关系

	高绩效组织	低绩效组织
员工清楚整个组织目标	67%	33%
管理层具备高效沟通能力	26%	0

从上表我们可以看出，高绩效组织和低绩效组织的员工对于组织战略目标的理解是不一样的。可以看出，当员工不知道组织目标的时候，就不知道自己该做什么来支持组织目标，导致了整个组织的绩效也会比较低。而当员工是否清楚自己要为公司战略做出什么，一个关键的要素在于管理层高效的沟通能力。

第二节 战略沟通工具

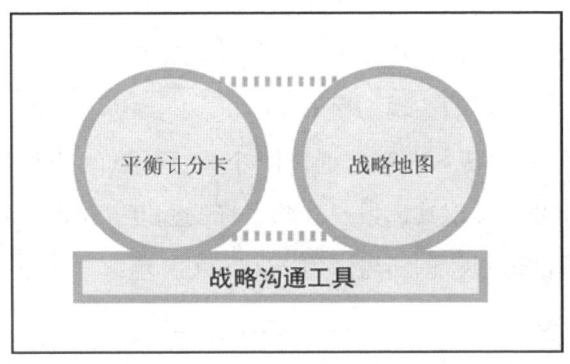

要想确保战略沟通的高效性，运用正确的工具是必要的。接下来分享两个重要的战略沟通工具。第一个工具叫平衡计分卡（BSC）；第二个工具叫战略地图。

平衡计分卡

"平衡计分卡到底是什么？能给我们带来什么？"这仍然是最令平衡计分卡推行者感到尴尬的问题。

平衡计分卡的概念很简单，是一个增强公司长期战略计划编制的工具。其功能在于识别和监控企业各个层级上的关键衡量标准，目的是将管理层制定的战略与运作层面的活动整合起来。它从财务、顾客、业务流程和内部学习这四个方面，帮助管理层对所有具有战略重要性的领域做全方位的思考。可用于确保日常业务运作与企业管理高层所确定的经营战略保持一致。

一个形象的比喻：平衡计分卡是飞机驾驶舱内的导航仪，通过这个"导航仪"的各种指标显示，管理层可以借此观察企业运行是否良好，随时发现在战略执行过程中哪一方面亮起了红灯。

很显然平衡记分卡是个战略管理工具。尽管目前有些企业已经在使用平衡计分卡，但却与平衡计分卡的初衷似乎已经背离了。大部分企业误将平衡记分卡仅仅作为一种绩效管理工具在积极推动，而不是作为一个战略管理工具！往往被作为解决考核和奖金发放问题，而不是首先以支撑企业经营目标的实现为目的！

平衡计分卡的摹本内容是通过四个相互关联的视角及其相应的绩效指标，考察公司实现其远景及战略目标的程度。这四个视角分别是顾客、财务、内部流程、创新与学习，如下图所示：

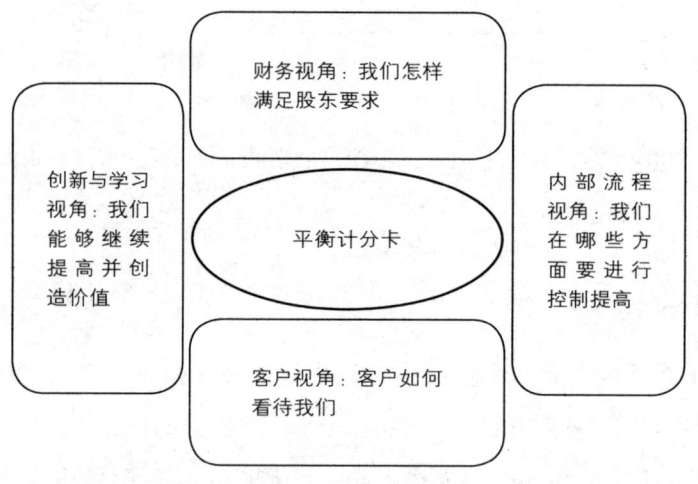

①**财务视角**：我们怎样满足股东要求？

财务指标是平衡计分卡中所有其他方面的焦点，所有衡量标准的最终目的是为提高财务绩效。它既要确定战略的预期财务绩效，也要成为平衡计分卡所有其他方面的最终鉴定指标。有 3 个财务主题在推动其有效执行，即销售收入的增长、降低成本和提高资产利用率。

②**客户视角**：客户如何看待我们？

为了更好地服务客户，必须将所有客户进行细分，因为这些细分市场将构成公司财务收入的来源。平衡计分卡在客户层面的进展使企业能够将衡量指标与客户群体和细分市场相衔接。这些指标分为客户层面的衡量和衡量对客户利益的重视程度。如市场和客户份额、客户保持率、客户获得率、顾客满意度、顾客盈利率以及产品和服务特征、顾客关系、形象和声誉等。

③**内部流程视角**：我们在哪些方面要进行控制提高？

平衡计分卡从满足投资者和顾客需要的视角出发，从价值链上针对内部的业务流程进行分析，提出了四种绩效属性，如质量导向的评价、基于时间的评价、柔性导向的评价和成本指标评价。

④**创新与学习视角**：我们能够继续提高并创造价值。

一般来说，公司的学习和成长能力有三个主要来源：人力、系统和组织程序现有的人员，系统和程序的能力与实现突破性业绩目标所要求的能力之间的差距。为了弥补这些差距，企业就要投资于培训员工，提高信息系统技术，组织好企业程序。其中提高员工能力、激发员工士气尤为重要。反映员工方面的指标主要有：员工培训支出、员工满意度、员工的稳定性、员工的生产率等。

这四个视角之间的逻辑关系如下图所示。从财务视角看，公司的目标是为股东创造价值，而从顾客视角看，客户购买量和满意度直接决定财务收入的增长。为了满足顾客，公司员工的技能需要不断提升，这就属于平衡计分卡中的内部流程视角，而从创新与学习视角考虑，公司的技能和能力是由公司管理制度和人力资本来决定的。

平衡计分卡并非只能从这四方面去思考和实施，只是这四方面具有科学性且能从一定的程度上衡量一个企业是否健康。事实上你可以根据企业的具体情况来调节，可以四个方面，也可以少于或多于四个方面。只要能最大限度地适合你的企业，就是最好的。

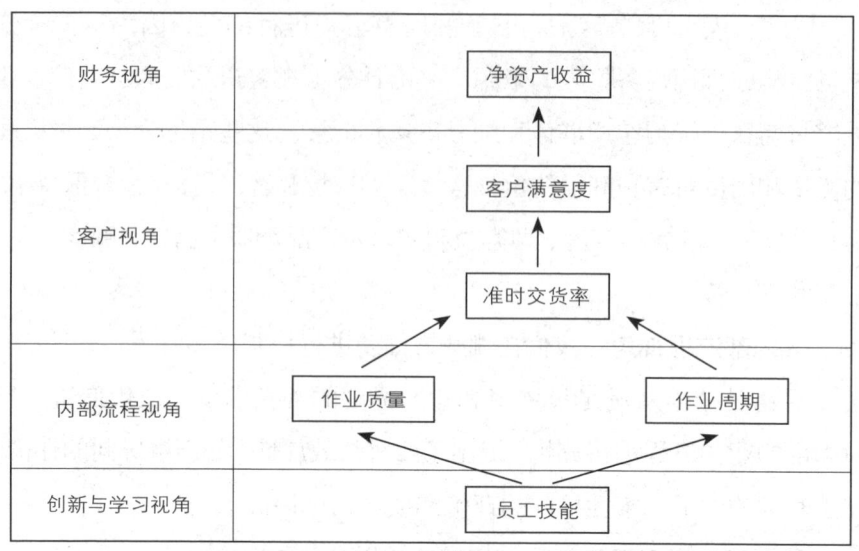

平衡计分卡四个角度及相应指标之间的逻辑关系

平衡计分卡有一定的适用范围，一般是在一个业务单元的基础上，比如一个事业部、一个子公司、整个公司等比较完整的业务单元，这样才有四方面的平衡问题，比较健全。但不适用于部门和个人。

美孚石油成功实施平衡计分卡的案例，平衡计分卡实施到最后，美孚公司连送油的卡车司机都会从他的角度去想战略，他送油去加油站时会了解客户的满意度、客户出现的需求等等，回来报告公司。包括他们的家属每天都开始关注这些，关注出错率等，因为整个公司的这些指标都和个人的收入挂钩，这能影响他们和家人能不能出去度假。这样实际上把战略和每个人都联系起来了。

战略地图

战略地图由罗伯特·卡普兰（Robert S.Kaplan）和戴维·诺顿（David P. Norton）提出。他们是平衡计分卡的创始人，在对实行平衡计分卡的企业进行长期的指导和研究的过程中，两位大师发现，企业由于无法全面地描述战略，管理者之间及管理者与员工之间无法沟通，对战略无法达成共识。"平衡计分卡"只建立了一个战略框架，而缺乏对战略进行具体而系统、全面的描述。

战略地图是在平衡计分卡的基础上发展来的，与平衡计分卡相比，它增加了两个层次的东西：一是颗粒层，每一个层面下都可以分解为很多要素；二是增加了动态的层面，也就是说战略地图是动态的，可以结合战略规划过程来绘制。

战略地图的核心内容包括：企业通过运用人力资本、信息资本和组织资本等无形资产（学习与成长），才能创新和建立战略优势和效率（内部流程），进而使公司把特定价值带给市场（客户），从而实现股东价值（财务）。

什么是战略地图？简单说，战略地图是战略及其实现方式的可视化表达，是描述战略的"通用模板"。通过战略地图，组织中的所有成员可以用统一的"语言"来沟通战略。

这个定义里面有几个关键词需要注意。第一个关键词是"可视化表达"，所谓可视化表达，就是通过战略地图你能够看见战略是如何实现的，而很多公司的战略不能够实现的一个根本原因，就是战略太复杂了。员工不理解公司的战略，战略就无法得到有效执行，也就没有办法实现。所以我们必须通过一种可视化的表达，让员工清楚地理解公司战略。

第二个关键词是描述战略的"通用模板"。很多时候，在同一个组织中，不同位置上的员工，对战略的理解不一样，组织中的成员对战略的理解不一致，战略执行起来就不一致。而通过战略地图这个工具，可以用一个统一的模板来描述战略，这就避免了战略理解上的不统一，最终保证组织中的所有成员可以用统一的语言来沟通战略。这就相当于一个中国人和一个美国人进行沟通，如果中国人用的是中文，美国人用的是英文，是没有办法沟通的，因为语言不通，所以就必须统一用一种语言来进行沟通，这样的话，才不会形成理解上的误差，进而不会形成行为上的误差，最终也不会导致结果上的误差。战略地图的关键作用就在这里，通过它让公司所有的人用统一的模板来描述战略，用统一的语言来沟通战略，用统一的行为路径来支持战略。战略地图对于战略沟通至关重要，从纵向协作来看，战略地图可以帮助员工理解战略，也可以明白行动是如何支撑公司战略实现的。

第三节　企业文化的目标指引作用

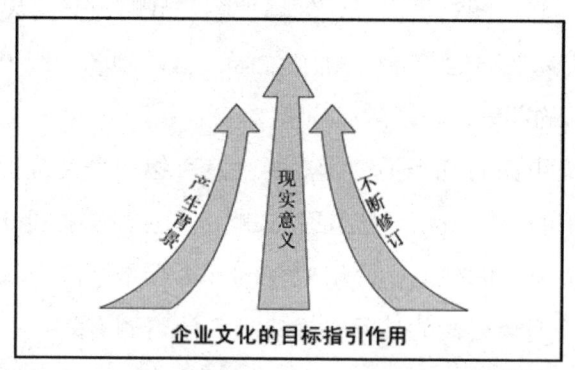

企业文化的目标指引作用

可以指引员工目标的，还有一个工具，那就是企业文化。很多时候，企业文化是一种无形的力量，在制度和流程约束不到的地方，文化将指点员工的行为和方向，所以，企业文化对于员工目标的制定非常重要。由核心价值观所组成的企业文化可以指引员工的行为，同时，行为又会强化企业的核心价值观，最终增强企业文化。所以，提炼并推行企业的文化，对于员工的工作目标的确定有关键作用。

《华为公司基本法》的出台对中国企业界产生了不小的震动，很多国内企业对《华为公司基本法》特别推崇，一些人希望能在自己的公司里弄出一套类似的"法律"，以此来建设自己的企业文化。

产生背景

华为成立于 1987 年，当时创业资产只有 2 万元，成员 7 人。而到了 1998 年，华为已经拥有 2 万多名员工、年销售收入近百亿元。

华为当时虽然取得了辉煌的成绩，但是也面临着各种新问题和矛盾，其中最大的一个问题就是华为经营管理仍然带着"土味儿"，不够规范。单纯靠一个个会议或是一个个偶然事件，是不可以提升团队思维方式和行为方式的，反而增加了团队的迷惘、迟疑和不安全感。

据《军人总裁任正非》一书作者的介绍，"1995 年 1 月，彭剑锋等 5 名人民大学教授被华为请去讲授课程，为华为的二次创业与企业的战略转型作辅助。任正非在听了彭剑锋教授讲授的企业二次创业与人力资源课程之后，认为教授们在授课中所揭示的二次创业问题正是华为公司在高速成长和发展的过程中所需要思考的问题。

"1995 年 9 月，华为公司发起了'华为兴亡，我的责任'的企业文化大讨论，最初设想是用来总结企业文化，可是任正非逐渐发现，原来自己赞同的观点往往与多数人不同，无法达成共识。这件事对他的触动巨大，决定邀请彭剑锋等教授为华为起草《华为公司基本法》，尝试在华为建立更加统一规范的价值观和企业文化。"

1996 年 3 月，由彭剑锋、黄卫伟、包政、吴春波、杨杜、孙建敏等人大的教授组成了华为管理大纲起草小组。首稿由包政执笔，后包政去了日本进修，改由黄卫伟教授主笔。起草小组一成立就驻扎在华为公司，与华为人一起研究起草管理大纲。

令任正非坚定以三年之功理顺《基本法》决心的诸多微小事件中，其中一件则是 1997 年发生的中国"头号证券大王"管金生及其创办的当时号称"中国最大证券公司"万国证券轰然倒下的新闻。他转发该则新闻给《基本法》专家组成员，并批注："转发这篇文章给你们，是让你们知道为什么要搞《基本法》"，"一个多么可爱的人，一个多么有能力的人，八分钟葬送了一个世界级的证券公司。难道我在迫于内部与外部压力的情况下，不会出现疯狂的一瞬？历史是一面镜子"。

当时有人送给任正非一本19世纪的美国宪法，手持此书的任正非当时感叹："今天看来（美国宪法）并不高明，但它指导了美国两百多年的发展，奠定了美国今天的繁荣。"他据此为构想中的《华为公司基本法》使命做出如下规划——"我们的《华为公司基本法》再过二十年后，也许不会有多大价值，但现在必须有一个规范来指导我们的工作。"

《华为公司基本法》正是在华为已经初步具有了企业精神之后，试图固化为一个系统的企业纲领的情况下出现的。在《华为公司基本法》的出台之前，包括任正非本人都没有一个对华为企业文化、治企理念和企业精神的系统化的思维。对于《华为公司基本法》应该是一部什么文件，一开始任正非自己也没有想明白，只是觉得华为这时已经需要一个类似于《香港基本法》的东西。

这个模糊的想法一开始是交给总裁办去做，总裁办把华为的主要文件，比如薪酬制度等放在一个夹子里再加一个封面，贴上一个条，上面写着《华为公司基本法》，交到任正非面前。但任正非说："这不是我要的基本法。"总裁办主任问道："那你要什么基本法？"任正非回答说："我要知道还用你来做吗？我自己就干了。"

当时吴春波等人正在给华为市场部做考核项目，于是任正非决定"让几个人大的教授试试"。为此，任正非第一次敞开心扉，从个人经历等方面与起草者谈了整整三天，基本法总算破题了。

任正非提出，《华为公司基本法》要提出企业处理内外矛盾关系的基本法则，要确立明确的企业共同的语言系统，即核心价值观，以及指导华为未来成长发展的基本经营政策与管理规则。

任正非之所以提出"要确立明确的企业共同的语言系统",源自这样的故事。华夏基石管理顾问公司董事长、《华为公司基本法》起草者之一彭剑锋回忆说,1996年的华为,也出现了很多民营企业都遇到的难题。随着企业扩张,人员增多,企业高层和中层、基层的距离越来越远,员工无法领悟老板的想法,觉得老板像鸟一样越飞越高,越来越宏观。而老板看员工,心里想或者嘴上骂:"笨得像头猪。"鸟和猪的语言体系不通,企业的内部交易成本加大,是高速增长的华为遇到的问题。

《华为公司基本法》起草团队的办公室就设在任正非的隔壁,任正非只要有时间,就走过去和他们一起讨论,逐字逐句推敲。每个月,华为的高层都会牺牲两个周末的上午休息时间来参与讨论。"有时候甚至停工停产,全公司员工开会讨论。"《华为公司基本法》起草人之一吴春波回忆说。

1996年6月30日,任正非在华为市场庆功及科研成果表彰大会上讲道:"我们在进行第二次创业活动,从企业家管理向职业化管理过渡。我们正在进行《华为公司基本法》的起草工作,《华为公司基本法》是华为公司在宏观上引导企业中长期发展的纲领性文件,是华为公司全体员工的心理契约。要提升每一位华为人的胸怀和境界,提升对大事业和目标上的追求。每个员工都要投入到《华为公司基本法》的起草与研讨中来,群策群力,达成共识,为华为的成长做出共同的承诺,达成公约,以指导未来的行动,使每一个有智慧、有热情的员工,能朝着共同的宏伟目标努力奋斗,使基本法融于每一个华为人的行为与习惯中。"

从1995年开始筹备"基本法"到成稿经历了3年,而这3年,华为经历了从1995年的800多人到1998年近2万人的高速发展过程。这部总计六章、103 条的企业内部规章，是迄今为止中国现代企业中最完备、最规范的一部"企业基本法"。

在《华为公司基本法》出台的同时，起草者们还拿出了 28 个"子基本法"，包括委员会管理法、虚拟利润法、安全退休金法以及人力资源制度等。这些"子基本法"仍然不是具体的操作制度规定，而是对企业各个组织单位的设计原则进行细分定位。它们没有惩罚和纠错的内容，关于企业运行底线的规定则由各种各样的制度和规章来实现。

《华为公司基本法》分为宗旨（核心价值观、目标、成长、价值分配）、基本经营政策（经营模式、研发、营销、生产、财务）、基本组织政策（组织方针、组织结构、高层组织）、基本人力资源政策（基本原则、员工权利与义务、考核、管理规范）、基本控制政策（管控方针、质管体系、全面预算、成本控制、流程重整、项目管理、审计、事业部、危机管理）、接班人与基本法修改等六个主要方面，采用法律条文的书写方式编写。

事实上，从 1995 年开始，华为从两个方向对管理做了探索。对内，华为开始对历史经验做出总结，这些智慧集中表述为《华为公司基本法》；对外，华为开始以 IBM 为标杆来学习。从这一年开始，华为和它的历史同伴们走上了两条完全不同的道路。

现实意义

1998 年，对十年后顺利实践自己"成为世界级领先企业"诺言的华为而言，注定是不平凡的一年。这一年，历时三年、八易其稿的中国首部企业宪章《华为公司基本法》正式推出，于其发布之时，任正非表示："中国洋务运动开始的工业化历程，历经一百多年，至今还没有成长出一个世界级的领先企业，这个历史重任已经落在我们这一代人的身上。"

彼时，刚满十岁的华为高瞻远瞩地将自己的使命定义为：探索一条在中国成长为世界级高科技企业的道路，这条道路将因为华为的出现而由混沌走向清晰。

《华为公司基本法》总结、提升了华为成功的管理经验，确定华为二次创业的观念、战略、方针和基本政策，构筑公司未来发展的宏伟架构。《华为公司基本法》以书面的形式表现，以制度的方式约束，将核心竞争力具体地体现出来。《华为公司基本法》描述了构建华为核心竞争力各因素，对基础层、载体层和转换层的因素都进行了概述，这些因素是打造核心能力的"着力点"，因而每个因素都具有不可缺少的重要作用。

"但华为从制定《华为公司基本法》的过程中学到的，甚至比《华为公司基本法》本身更多，因为它实际上是一个任正非与华为中高层充分沟通并达成共识的过程，而这个共识确保了它的现实性和可执行性。"《华为公司基本法》起草者之一彭剑锋如是评价。

《华为公司基本法》起草者之一吴春波说，直到《华为公司基本法》成稿，华为才"从懵懂和亢奋中清醒过来"。吴春波同样认为，《华为公司基本法》的起草过程比结果更重要。"重要的事情不着急。三年起草，是一个灌输、认同和信仰的过程。通过这三年的不断折腾，每条大家都已经烂熟了，如果三个月拿出来，恐怕就是另外一个结果。"在他看来，《华为公司基本法》可以与1787年长达160多天的美国宪法的起草过程相媲美——是一次伟大的妥协。

《华为公司基本法》的另外一位起草人——中国人民大学教授杨杜认为，《华为公司基本法》的阶段性的意义很大，是"飞速成长的中国企业对自身的生存和发展的一次系统思考"。

《华为公司基本法》的意义在于将高层的思维真正转化为大家能够看得见、摸得着的东西，使彼此之间能够达成共识，这是一个权力智慧化的过程。

1998年3月，任正非在其题为《要从必然王国，走向自由王国》

的演讲中道出了他起草《华为公司基本法》的核心目的："华为经历了十年的发展，有什么东西可以继续保留，有什么东西必须扬弃，我们又能从业界最佳吸收什么。如何批判地继承传统，又如何在创新的同时，承先启后，继往开来。继承与发展，是我们第二次创业的主要问题。

"华为走过的十年是曲折崎岖的十年，教训多于经验，在失败中探寻到前进的微光，不屈不挠地、艰难困苦地走过了第一次创业的历史阶段。这些宝贵的失败教训，与不可以完全放大的经验，都是第二次创业的宝贵的精神食粮。当我们第二次创业走向规模化经营的时候，面对的是国际强手，他们又有许多十分宝贵的经营思想与理论，可以供我们参考。如何将我们十年的宝贵而痛苦的积累与探索，在吸收业界最佳的思想与方法后，再提升一步，成为指导我们前进的理论，以避免陷入经验主义，这是我们制定《华为公司基本法》的基本立场。几千员工与各界朋友三年来做了许多努力，在人大专家的帮助下，《华为公司基本法》八易其稿，最终在 1998 年 3 月 23 日获得通过，并开始实行。当然它还会在实践中不断地优化，以引导华为正确地发展。

"华为第一次创业的特点，是靠企业家行为，为了抓住机会，不顾手中资源，奋力牵引，凭着第一代、第二代创业者的艰苦奋斗、远见卓识、超人的胆略，使公司从小发展到初具规模。第二次创业的目标就是可持续发展，要用十年时间使各项工作与国际接轨。它的特点是要淡化企业家的个人色彩，强化职业化管理，把人格魅力、牵引精神、个人推动力变成一种氛围，使它形成一个场，以推动和导向企业的正确发展。氛围也是一种宝贵的管理资源，只有氛围才会普及大多数人，才会形成宏大的具有相同价值观与驾驭能力的管理者队伍。才能在大规模的范围内，共同推动企业进步，而不是相互抵消。这个导向性的氛围就是共同制定并认同的《华为公司基本法》。形成切实推动的就是将在十年内陆续产生的近百个子基本法。它将规范我们的行为与管理。"

成为世界级领先企业

"成为世界级领先企业",被写入《华为公司基本法》第一章第一条,它是华为的终极目标与最后理想。同时,任正非在一次员工大会上说道:"如果华为每年保持翻番增长的话,8年之后华为就可以赶上IBM。"这样一个目标的提出让与会者无不群情振奋,但是也觉得这是几乎不可能实现的。1998年,IBM的收入大约为800亿美元,员工近30万人。而华为的员工人数则只有2万人,年收入大约3.5亿美元。然而对于任正非来说,目标遥远,但并不等于不能实现,需要的只是时间和耐力而已。因此在起草《华为公司基本法》时任正非提议将这一点——"成为世界级领先企业"写进去,并且作为开篇的第一条,那时,华为人似乎才真正明白了任正非的抱负和理想。

"成为世界级领先企业"目标的提出为华为指出了未来发展的目标,大大地激励着每个华为人的荣誉心。

永不进入信息服务业

如果说"世界级领先企业"的口号让大家陷入了震惊进而陷入了沉默,那么《华为公司基本法》中的一段文字——"为了使华为成为世界一流的设备供应商,我们将永不进入信息服务业。通过无依赖的市场压力传递,使内部机制永远处于激活状态"则彻底引发了人们长时间激烈的争论。

信息服务不仅可以促进企业有形产品的销售,而且本身也具有很大的市场空间,甚至可以超过所谓传统的硬件设备收入。当时像IBM等国际领先的IT企业都是同时提供信息咨询服务,所以许多公司高层认为,华为没有必要限制自己潜在的发展机会。

任正非当然自有他的考虑,由于当时华为业务发展顺利,公司内部已经开始滋生出高速成长带来的盲目乐观情绪。任正非在一片大好形势中尖锐地看到了"保持强烈的竞争和危机意识，企业才能不断进步"的道理。所以，他希望从这一限制传递出这样的意愿：华为只有无比专注地通过来自竞争的压力来不断提升自己，才能最终成长为世界级的企业，而这是唯一的道路，没有捷径。或许，这可以被看作任正非对于如何成为"世界级领先企业"的最原始、最根源性的思考。

在《华为公司基本法》中，类似的这种内容还有很多，它们不仅蕴含了管理层对企业的希望，更重要的是它真实反映了华为员工的性情一面。任正非期待通过确定《华为公司基本法》，把一个与时俱进的价值罗盘置于每一个人的心里，从而使老板与员工的思维方式和行为方式有一个共同的始发点，达成一定的心理契约。

任正非在多次会议上强调干部学习《华为公司基本法》的重要性："我非常担心华为公司的《华为公司基本法》会出现'墙内开花墙外香'的情况，《华为公司基本法》的定位就是培养高中级干部，干部必须认真学习《华为公司基本法》，领会其精神实质，掌握其思想方法。"

不断修订

任正非曾说过："当外部环境发生变化的时候，当新的机遇来临的时候，谁固守"基本法"的教条，谁就是傻瓜。"

在外界对《华为公司基本法》的赞扬之声不绝于口时，任正非却已经清醒地意识到它的不足之处。这个认知，其实与华为1996年开始的全球化征程有关。1996年任正非便开始把目光投向国际公司管理体系，美国HAY咨询公司香港分公司任职资格评价体系第一个进驻华为。1997年年底，任正非先后访问了美国休斯公司、IBM公司、贝尔实验室和惠普公司。在与国际一流跨国公司接触的过程中，任正非意识到，"基本法"那种独特的语言模式，并不能跟全球化的大公司形成很好的对话。

任正非由此意识到《华为公司基本法》没法在流程中体现的、没做出评价和进行奖励的价值尺度，注定是短命的和软弱的。其起草者之一吴春波教授后来说了这样一句话："'基本法'当时的局限性很明显，关于企业的核心价值观、流程和客户方面的问题提的都很少。"而另一位起草者彭剑锋则说过："《华为公司基本法》对华为成长和发展的实际效果可能远没有它给华为创造的品牌效应和对中国其他企业带来的启迪价值大。"

虽然《华为公司基本法》从一开始就规定 10 年修订，但在 2002 年，任正非就提出要修订了。"之所以要修改《华为公司基本法》，不是因为它坏了，而是因为现在需要补充新的东西。我们不能犯经验主义、教条主义。"《华为公司基本法》的起草人之一杨杜说。

"企业不可能是设计出来的，谁要严格按照企业宪法做，谁就是傻瓜。"因为它背离了企业真正的市场环境。但起码它可以保证在一个阶段内，大家可以达成共识，减少内部交易成本。

事实上，早就在《华为公司基本法》临近诞生之时，觉悟了的任正非已经开始斥巨资引进 ISC（集成供应链）等供应链和产品开发的相应软件，并聘请德国国家应用研究院（FHG）的质量管理顾问、普华永道（PWC）的财务顾问和 KPMG 的严格审计。1998 年"华为基本法"正式诞生，任正非则正式聘请 IBM 为 IPD（集成产品开发）提供咨询，打破了华为以部门为管理结构的模式，转向以业务流程为核心的管理模式。仅此一项，华为付给 IBM 的咨询费达到了数千万美元。

华为曾聘请 IBM 专家给自己的各个部门做管理评分（TPM），以满分 5 分计。华为 2003 年的平均分只有 1.8 分，2004 年才达到 2.3 分，而当年的目标是 2.7 分。按照 IBM 专家意见，一家真正管理高效规范的跨国公司，其 TPM 分值应达到 3.5 分。根据 IBM 专家的评测，华为人均工作效率只有国际一流公司的 2/5。华为在重整供应链之前，其管理水平与业内其他公司相比存在较大的差距。华为的订单及时交货率只有 50%，而国际上其他电信设备制造商的平均水平为 94%；华为的库存周转率只有 3.6 次／年，而国际平均水平为 9.4 次／年；华为的订单履行周期长达 20～25 天，国际电信设备制造商平均水平为 10 天左右。华为重整供应链的目的就是为了设计和建立以客户为中心、成本最低的集成供应链，为早日成为世界级企业打下良好的基础。

这些举动提示了华为对强化流程与制度建设的重视，从行动上对《华为公司基本法》进行了修订。

在 2006 年、2007 年，华为将愿景重新规划为"丰富人们的沟通和生活"，其使命则是"聚焦客户关注的挑战和压力，提供有竞争力的通信解决方案和服务，持续为客户创造最大价值"。正如华为不断前进，不断否定自我一样，《华为公司基本法》也在脱胎换骨，在完成了将华为一步一步从"游击队"转变成为"正规军"后，还将努力完成促使华为向"无为而治"管理的至高境界转变。

今天的《华为公司基本法》已经不是当初那个"基本法"，进行了很多的更改，华为的业务已经超出了当时的规定。另一方面来说，在通信这样一个充满不确定性的领域，《华为公司基本法》作为一个代表"确定"的符号的作用已经远远超过实际内容，这大概是华为比其他公司高明的地方。这是任正非多次在内部强调的这么一句话："《华为公司基本法》真正诞生的那一天，也许是它完成了历史使命之时，因为《华为公司基本法》已经融入了华为人的血脉。"

绩效指标设定

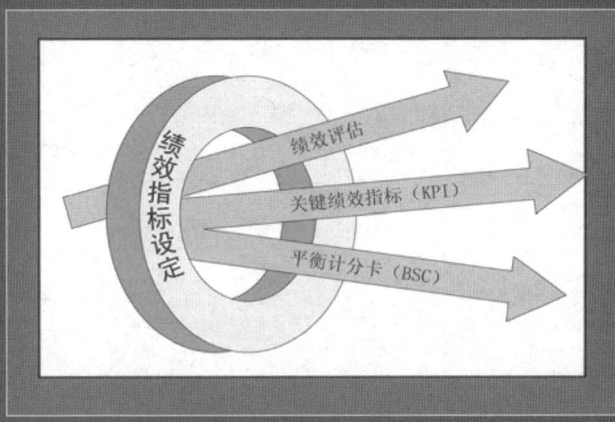

华为员工的绩效评估是根据 PBC 的考核，根据自己跟自己比的结果。

第一节 绩效评估

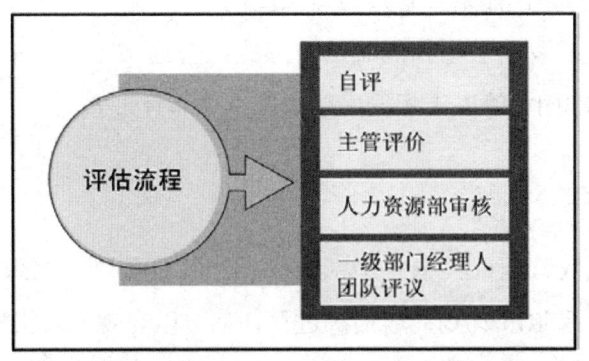

1. 评估周期

2009 年以前，华为绩效评估主要按季度进行，每年年初根据员工季度 PBC 完成情况对员工进行季度考核，并于评估期间制订下一季度 PBC 计划。

2008 年年底、2009 年年初，华为进行了全面的绩效考核周期改革，根据员工族群及职级采取不同的绩效考核周期。一般为：

普通员工（二级部门主管以下）从原来的按季度进行评估，调整为每半年进行评估方式。二级部门主管以上采取按年度评估方式。

注：操作族中的文员、秘书等岗位人员和生产类技术工人一般采取季度和月度考核结合形式。

2.评估方式

绩效评估主要采取自下而上的方式进行，绩效考核方式根据人员职级和族别有所区分，目前在公司二级部门主管以上主要采取平衡计分卡考评方式，其他员工主要采取关键事件法。当然，每一种考评方法不是孤立利用的，往往结合着其他方法使用。

评估表采取电子化和纸质结合形式，普通员工一般采取标准电子模板，二级部门主管以上领导一般采取纸质考评形式。

3.评估内容

重视绩效管理过程中各项绩效数据的收集整理，绩效评估主要根据员工 PBC 和 KPI 计划完成情况进行评估，以客观绩效指标为依据。

对于各级主管，格外重视其在人员管理方面的情况，含课程开发、讲课学时、员工流失率、后备干部培养等。将人员管理各项内容采取积分形式，并于绩效考评时对积分进行统计。一般管理人员要求每年必须达到 32 个积分，对于未完成积分人员，原则上年度绩效只能评定为"C"及以下等级。

对于不同部分华为都有相应的一套考评标准，这些标准经过长期依赖的规范化和系统化，变得可操作性特别强，而且考核过程也是全面的、系统的。

例如，在对营销人员绩效进行考核时，考核人员要求营销人员首先要提交考核申请，考评员再分两次对申请人进行考核。第一次考核主要是考核对象与考评人的沟通，这次考评人主要是考核对象的直接上级。与上级的沟通主要表现在：共同确定工作计划，勤于请教上级和自我评价。第二次考核主要是对第一次考核的审核，审查上次考核是否符合规范，可信度等。两次考核结束后，考核人员最后还要接受市场部门主管的监督与认证。

4. 评估流程

a. 自评

由员工根据个人 PBC 进行自我打分，并根据分数评定绩效等级。

b. 主管评价

主管根据员工 PBC 完成情况，结合员工工作态度及自评分对员工进行打分并作出评价，确定员工绩效等级。

c. 人力资源部审核

人力资源部对部门人员绩效比例控制情况进行审核，并对绩效评定等级中有明显异常情况进行跟踪审查。

d. 一级部门经理人团队评议

员工绩效最终结果由所在一级部门 AT 团队进行评定。

一级部门经理人主要对绩效等级评定比例、等级合理性进行评审讨论，讨论通过后报一级部门总裁进行确认，并将结果进行反馈。

绩效反馈

半年度绩效考核结果出来后，各级主管须第一时间与员工进行沟通，对绩效结果评定的原因进行说明，帮助员工制订绩效考核方案，并签订下半年 PBC 计划。

员工对绩效结果存有异议，可以向人力资源部或 AT 团队进行投诉。

第二节 关键绩效指标（KPI）

在推动企业有效经营并持续提升企业竞争力方面，绩效考核与绩效管理无疑能够发挥十分重要的促进作用。正如世界第一经理人、通用电气（GE）前 CEO 杰克·韦尔奇所说的："如果说，在我奉行的价值观里，要找出一个真正（对企业经营成功）有推动力的，那就是有鉴别力的（绩效）考评（即绩效考核）。"杰克·韦尔奇自喻自己是一个区别考评（绩效考核）制度的狂热支持者，因为他曾亲眼看见，绩效考核把一些公司从默默无闻提升到卓越的层次。为此，杰克·韦尔奇将实施绩效考核列为企业经理人必须履行的任务，他提出：他们（职业经理人）要清楚地辨别出，哪些员工或哪些业务取得了出色的成绩，哪些表现最差；他们要扶持强者的成长，把缺乏效率的部分剔除出去，只有这样，公司才能争取赢的结局。反之，如果对每一项工作和每一位员工都不做区分，像天女散花一样随意分配企业的资源，则只能让公司遭受损失。

当然与员工绩效相关的要素是多样的，绩效考核并不是要对所有的绩效要素做出全面的评价，有些要素只能通过其他价值评价体系（如素质评价，任职资格评价等）来完成。在此适用的原则是：在把握绩效考核的基本理念前提下，缺什么，就考什么；想得到什么，就考什么。考什么，就能得到什么。而关键绩效指标就是实施这一原则的成功思路。

关键绩效指标（KPI）是对公司及组织运作过程中关键成功要素的提炼和归纳。因此，关键绩效指标具有以下特征：

1. 将员工的工作与公司远景、战略与部门相连接，层层分解，层层支持，使每一个员工的个人绩效与部门绩效，与公司的整体效益直接挂钩。

2. 保证员工的绩效与内外部客户的价值相连接，共同为实现客户的价值服务。

3. 员工绩效考核指标的设计是基于公司的发展战略与流程，而非岗位的功能。

所以，关键绩效指标与一般绩效指标相比，把个人和部门的目标与公司整个的成败联系起来，就更具有长远的战略意义。因为关键绩效指标体系集中测量我们需要的行为，而且，由于其简单明了，少而精，就变得可控与可管理。对于员工而言，关键绩效指标体系使得员工按照绩效的测量标准和奖励标准去做，真正发挥绩效考核指标的牵引和导向作用。

如何测试 KPI 指标

测试方面	问题
该指标是否可理解？	是否可用通用业务语言定义？ 能否以简单明了的语言说明？ 是否有可能被误解？
该指标是否可控制？	对该指标的结果是否有直接的责任归属？ 绩效考核结果是否能够被基本控制？
该指标是否可实施？	是否可以用行动来改进该指标的结果？ 员工是否明白应采取何种行动对指标结果产生影响？ 该指标是否可信？
是否有稳定的数据来源来支持指标或数据构成？	数据能否被操纵以使绩效看起来比实际更好或更糟？ 数据处理是否引起绩效指标计算得不准确？
该指标是否可衡量？	指标可以量化吗？ 指标是否有可信的衡量标准？
该指标是否可低成本获取？	有关指标的数据是否可以直接从标准表上获得？ 获取成本的标准是否高于其价值？ 该指标是否可以定期衡量？
该指标是否与整体战略目标一致？	该指标是否与某个特定的战略目标相联系？ 指标承担者是否清楚企业的战略目标？ 指标承担者是否清楚该指标如何支持战略目标的实现？
该指标是否与整体绩效指标一致？	该指标和组织中上一层的指标相联系吗？ 该指标和组织中下一层的指标相联系吗？

KPI 法符合一个重要的管理原理——"二八定律"。在一个企业的价值创造过程中，存在着"80/20"的规律，即 20% 的骨干人员创造企业 80% 的价值；而且在每一位员工身上"二八定律"同样适用，即 80% 的工作任务是由 20% 的关键行为完成的。因此，必须抓住 20% 的关键行为，对之进行分析和衡量，这样就能抓住业绩评价的重心。

从组织结构的角度来看，KPI 系统是一个纵向的指标体系：先确定公司层面关注的 KPI，再确定部门乃至个人要承担的 KPI，由于 KPI 体系是经过层层分解，这样，就在指标体系上把战略落到"人"了。而要把战略具体落实，需要"显性化"，要对每个层面的 KPI 进行赋值，形成一个相对应的纵向的目标体系。所以，在落实战略时有"两条线"：一条是指标体系，是工具；另一条是目标体系，利用指标工具得到。

华为"蓝血十杰"吕克回顾了华为的组织绩效管理体系的成立历史。"2002～2003 年，公司的业务开始变得越来越复杂，公司依然要保持规模增长，如何用管理的通用语言来凝聚各层各级组织的努力，以达到业务目标；怎么设定合理目标并分解落实；组织绩效怎么衡量；如何将弹性的奖金回报同组织的绩效挂起钩来，等等。工作有开展，但是存在不系统、没架构、不规范、管理随意等问题。而当时人民大学的黄教授已经制定了奖金公式，但要计算奖金就得看 KPI，那么 KPI 怎么管理？所以，当时面临两个问题：一是从激励角度，尽快建立对组织绩效的评价；二是公司自上而下，为对业务目标进行有效管理，也迫切需要规范的组织绩效管理系统作为抓手。

"当时我与徐元君等同事一起讨论，在黄教授的帮助下，逐步引入了战略解码和平衡计分法，建立了初步的自上而下的绩效目标分解和评估系统，使 KPI 与组织的绩效衔接。通过战略解码、KPI 分解及建立高层绩效管理小组，每年例行运作对高层组织的 KPI 的管理，使整个公司的目标开始有了非常清晰的分解，真正落实到相关责任部门。"

"大约用了两年时间我们建立了组织绩效管理体系，以及组织绩效同组织奖金的回报关系管理机制，使奖金的生成和分配有了依据，同业务目标的完成有了相对直观的挂钩关系。现在的问题是绩效 KPI 的导向可能在操作执行中过于片面和强化，反而造成部门墙、指标僵化等管理弊端；而一些部门为了落实工作要求，也容易要求在 KPI 加入很多指标，从而使得 KPI 数量更多，更复杂。但是，这也证明当时搞的这套管理系统很有用，大家都觉得要用它来达到管理目的。客观地说，这套体系和机制在华为快速发展的当时情况下，是有利于更清楚理解目标和把目标有效地分解到各个部门，从而为业务目标的达成起到了非常大的推动作用。"

2002 年 12 月，华为轮值 CEO 郭平表示："KPI 考核是增加产出、厉行节约，提高人均效益的重要方法。在各个职能部门中，我们也要加强 KPI 考核，建立各领域均衡的竞争优势，提高产出能力。2002 年，我们产品的价格降幅超过 20%，财务压力空前巨大，在年初的 KPI 承诺中，采购根据 BENCHMARK 及分析，提出了降低 12% 成本的承诺指标；但在公司预算会议中，我们明确地了解到今年利润有还是没有，有多少，除取决于市场扩大销售外，将直接取决于总成本的降低。针对不同的业务族，各个 CEG、业务组作出了承诺指标。在指标的牵引下，在作为一个经理人所必须平衡的交货、质量、成本的压力下，经过努力，全年任务胜利在望了。在这个过程中，对物料族形势、供求关系、产品线需求进行了详尽的分析，制订了战略供应商计划、印度招标法、竞争性评估、网上招标等创新方法，激发了大家的才智，KPI 的共同目标还促进了采购组织气氛的大大改善：由消极型成功地转换为高绩效型，全年节省成本将达 20 亿元。"

第三节 平衡计分卡（BSC）

平衡计分卡不仅是一种业绩管理工具，更是一种新型的战略管理方法，它提供了一套在各层面作出快速、精确和协作的决策方法。

平衡计分卡从四个不同的侧面，将企业的远景和战略转化为目标和考核指标，从而实现对企业绩效进行全方位的监控与管理，而不仅仅局限于财务指标。

平衡计分卡经营绩效模型通过一步步的、逻辑的因果推导，将经营战略转化为可操作的行动目标。

平衡计分卡常用考核指标：

财务指标： 收入增长、成本下降、投资回报率、资产回报率、创利能力；

内部流程指标： 质量提高能力、流程改善能力、对市场需求的反应时间、生产率；

客户指标： 市场占有率、客户保有率、客户创利能力、客户满意度；

创新与学习指标： 员工满意度、技术创新能力。

2000年开始，华为已经将平衡计分卡的概念用于管理中了。在华为，对于产品经理的考核，一般是以结果为导向的，以各项指标作为重点考核内容。对于产品经理，按照平衡积分卡的方法，可以从财务和客户层面，定义和选取主要的考核指标。

产品经理将自己所负责的考核指标和工作目标层层分解，落实到各级团队成员身上。在矩阵架构下，由于要采取360度的绩效管理模式，对于员工的考核，需要所有相关的主管都参与其中并反馈意见，这是对于外围组成员的整个考核过程。

与传统考核相比，平衡计分卡具有如下优势：

①平衡计分卡促使公司主动检讨公司的战略，连接战略与绩效管理系统；

②平衡计分卡与薪酬等绩效回报连接，能充分调动员工工作的积极性与主动性；

③平衡计分卡有助于实现利益相关者的满意度，以保护股东利益并更好地为股东创造价值；

④平衡计分卡能促使公司内部员工加强沟通，创造良好的组织文化；

⑤平衡计分卡有助于改善内部运营，既体现在它是一个有效的战略管理工具，也体现在它是一个有效的绩效管理工具方面。

综合国内外对平衡计分卡的批评和讨论，可以看出，平衡计分卡的不足主要表现在以下几个方面：

①平衡计分卡强调从四个角度关注企业的绩效，这可能会将企业的资源从对实现投资报酬等真正有价值的领域分散开来，同时，它无法确定所选定的四个方面的相对重要性；

②平衡计分卡提出的四个角度不能适用于所有的企业。所以，企业应该更看重 BSC 体现的平衡思想，而不应该拘泥于其提出的四个角度。现在，已经有很多企业认识到这一点。

华为360度周边考察

为了规范和完善国内营销体系干部任命与考察的程序管理，增强干部选拔任用的透明度，国内营销系统对系统内拟任命的中层管理者开展了一项名为360度周边考察的工作，通过对拟任命管理者周边人员的调查访谈，了解其在平常工作中诚信、责任心、使命感、任职能力、职业素养、周边合作方面的表现，尤其是将是否能聚焦工作、是否具有领袖风范作为重点考察内容，以加强对干部的全面、客观评价。

对于调查结果和评价，坚持以实事求是原则进行甄别，看主流、看本质。对于员工反映在品德、绩效等方面有问题的干部，经调查确认的，调整其任命。属于一般性缺点和不足的，则制定相关报告及记录并正式上报相关任命，特别是对于那些敢于管理，有业绩也有缺点的干部进行大胆起用。我们也要防止那些只会搞群众关系、领导关系而没有具体业绩的干部得到选拔与任用。下面有两个案例：

案例一：员工 A 被提名为某办事处二级部门主管，于是国内营销启动了对其的360度周边考察，被访谈员工纷纷发表了自己的看法：

"A 的工作责任心应该说还可以，总的表现可以打 80 分。"

"A 的业务能力属于中等，原来是 XX 产品部的，但其产品知识掌握得还不够，后来转到 XX 系统部搞客户工作。"

"A 过于自信，比较清高，与上级及横向沟通能力还可以，但对下属及一般员工的沟通交流不多，管理风格过于简单，基层员工及下属感觉难以接触和交流。"

"A 在业务活动中出现过一次较大的失误，在客户方产生了一些负面的影响。"

…………

根据对 A 的 360 度考察及商议结果，国内营销调整了对 A 的任命。

案例二：员工 B 被提名为某二级部门主管，在 360 度周边考察的过程中，有若干访谈者提出了问题："他对下属过于严厉，他的工作方法有问题，'刚性有余，灵活性不足'，致使很多下属害怕他，甚至有人产生抵触心理。"经过进一步分析与调查，了解到员工 B 工作敬业，为人比较正直，与客户沟通、交流的效果也很好，只是在工作风格上对自己、对别人要求都非常严格，因此，仍然坚持了任命。同时，将周边的意见反馈给他，促使其改进。

在过去的几个月内，国内营销对 20 余名拟聘干部进行了 360 度的周边考察，涉及调查人员共 100 名左右，主要访谈方式为电话访谈（部分人员采用直接面谈的方式），总体效果较好。一位负责干部考察的员工表示："有了 360 度周边调查结果，我们最终决策时信心大多了，在进行任前谈话时针对性也更强。"一位被访谈者说道："这是我在公司第一次接受正式的访谈，不管我的意见能起多大作用，这至少表明公司在关注我们这些一线人员的声音了。"

360 度周边考察规范、完善了干部选拔与任命制度，使得整个干部选拔的程序公正性大大提高。通过访谈，得到了重要的第一手资料，充分听取了基层员工及干部意见，也提升了周边员工对干部选拔结果的认可度；促进了干部梯队建设的良性循环和培养机制的完善，强化了干部选拔的制度性监督措施；同时，加强了干部的自我管理和自我约束意识，周边访谈有如一面多角度的镜子，从各个方面反射出拟任命干部的问题与不足，真正落实干部大会上提出的切实将干部放于员工的监督之中。

360 度周边考察仅是一个初步尝试与开端，它将与干部任命公示、任前谈话等制度共同完善干部任命环节。此外，国内营销系统还将陆续完善干部问责、关键事件库等制度，建立一套清晰、系统、完整、客观的干部行为表现考察体制。通过一系列制度的建立与完善，进一步形成以"能力看业绩考核、品德重行为表现"的实事求是、德才兼并的营销干部培养选拔机制，加快干部队伍成长，适应公司发展需求。

（本文摘编自《一面全方位的镜子》；来源：《华为人》，2004）

延伸阅读

华为研发部关键绩效指标设定评估表

关键绩效指标设定评估（占 60%）					
部门		被考核者		岗位	
考核者		考核时间		最终得分	
指标类别	考核指标	指标说明		分值	评分
					自评 / 上级评分
财务绩效	部门预算费用执行情况	本部门实际发生的费用及与预算的差距		5	
客户满意	部门协作满意度	与各职能部门间的协作、配合程度		10	
	生产管理项目满意度	提供的与生产管理相关的服务是否全面		10	
内部管理	新产品研发	一定周期内完成的研发成果总额		5	
	新产品研发计划达成率	实际研发完成量 / 计划完成量		10	
	设计方案提交及时率	实际提交额 / 计划提交额		10	
	新产品开发成功率	研发成功额 / 总研发项目额		10	
	新生产工艺流程改进	对新生产工艺流程进行检查、完善程度		10	
	事故处理的及时性	研发事故是否得到了有效的处理		15	

137

员工成长与创新	部门员工流动率	员工离职、调动率	5		
	人均培训时间	本期员工实际培训时间之和与部门员工人数比例	5		
	培训反馈满意度	员工对员工培养的投入、实际效果和员工对本部门各项工作的满意程度	5		
合计			100		

参考评分方法:
（1）满分为 5 分的指标项目，优秀 5 分，良好 4 分，一般 3 分，较差 1 分，差 0 分;
（2）满分为 10 分的指标项目，优秀 10 分，良好 8 分，一般 5 分，较差 2 分，差 0 分;
（3）总分达到 90 分为优秀，80 分为良好，60 分为合格，60 分以下为不合格。

岗位能力素质要求评估（占 40%）

被考核者		考核者		最终评分	
项目及考核内容			分值	评分	
				自评	上级评分
工作能力 20%	理解力极强，在工作改善方面，常有创意性报告并采纳			20	
	理解力强，优势在作业方法上有改进			18～19	
	理解判断力一般，偶尔有改进建议，能完成任务			10～14	
	理解较迟钝，工作技能无改善，勉强能完成任务			10 以下	
工作任务 30%	能保质保量，提前完成任务			30	
	能保质保量，按时完成任务			25～29	
	在监督下能完成任务			15～25	
	在指导下，偶尔不能完成任务			15 以下	
工作态度 20%	任劳任怨，竭尽所能完成任务			20	
	工作努力、主动，能较好完成分内工作			18～19	
	交付工作需要督促方能完成			10～14	
	敷衍了事，无责任心，做事粗心大意			10 以下	

工作协调 10%	与人协调融洽，为工作顺利完成尽最大努力	10		
	爱护团体，常协助别人	8~9		
	肯应他人要求帮助别人	5~7		
	精神散漫，不肯与别人合作	5以下		
纪律性 10%	自觉遵守和维护公司各项规章制度	10		
	能遵守公司规章制度，但需要有人督导	8~9		
	纪律性观念不强，偶尔违反公司规章制度	5~7		
	经常违反公司制度，被指正时态度傲慢	5以下		
成本意识 10%	成本意识强烈，能积极节省，避免浪费	10		
	具备成本意识，并能节约	8~9		
	有成本意识，稍有浪费	5~7		
	无成本意识，经常浪费	5以下		
合计		100		

参考评分方法：
（1）满分为5分的指标项目，优秀5分，良好4分，一般3分，较差1分，差0分；
（2）满分为10分的指标项目，优秀10分，良好8分，一般5分，较差2分，差0分；
（3）总分达到90分为优秀，80分为良好，60分为合格，60分以下为不合格。

总计	关键绩效指标设定评估×60%+岗位能力素质要求评估×40%	
备注：	评分确认签字	

考核者评语：

签名： 日期：

华为采购员的绩效考核指标

华为将采购员工作绩效的考核指标定量划分为时间绩效、效率绩效、质量绩效、数量绩效、价格绩效五大部分；将工作能力的考核指标定量划分为专业知识、专业技能、沟通能力、创新能力等十大部分。

采购员的绩效考核方法

采购员绩效考核采用量化指标：工作绩效和工作能力相结合来进行，工作绩效指标考核占 60%，工作能力指标考核占 40%。两次考核的总和即为采购员的绩效考核结果。采购员绩效考核计算方式如下：

采购员绩效考核分数＝工作绩效×60%+工作能力×40%

采购员的绩效考核表

员工姓名：		工作部门：	考核者：	评价日期：	
第一部分：工作绩效					
项目	考核指标	评分标准		分值	评分
时间绩效	采购及时性	没有按采购计划进度完成物资采购，根据延误时间，扣2~4分/次		15	
	物资入库及时性	没有及时通知质检人员验收采购物料使得货物未及时入库，扣1分/次			
	货运及时性	提货、发货与退货工作延误，扣1分/次			
	发票取得准时性	未在规定时间取得分管采购物料发票并传递到财务部，扣1分/次，发票应附的附件或原件不齐扣3分/份			
	紧急采购	由于个人过失产生紧急费用，扣2分/次			
	报价及时性	没有在规定时间内报价给业务人员，扣1分/次			
质量绩效	材料合格率	采购材料合格率比标准差4%，扣2分/次		30	
	退货次数	由于采购材料问题而造成产品被退，扣2分/次			
数量绩效	材料数量	若采购回的分管物料发生数量差异，造成资源浪费或短缺，根据差异大小扣3~6分/次		10	
效率绩效	提交采购资金计划报表	采购资金的计划报表提交出错误，扣2分/次		20	
	采购单据与台账	混乱采购物料的相关单据与物料采购台账，造成账单不对号，扣2分/次			
	客户投诉	由于材料问题被客户投诉，扣2分/次			
	订单处理时间	超过规定处理时间，扣1分/次			
	供应商数量	成功开发供应商，加3分/个			
价格绩效	采购金额	少于规定金额完成采购，加2分/次；但入库金额高于采购金额，扣2分/次		25	
	市场差额	比较市场价格和采购价格的差额（每次上升3%扣1分,；每降3%奖1分）			
	采购收益率	采购盈利3%，加1分/次；亏3%，扣1分/次			
合计	注：工作绩效总分为100分，占采购员绩效考核分数的60%			100	

续表

第二部分：工作能力			
项目	考核指标	分值	评分
专业知识	胜任采购工作相关的基础知识、专业知识、理论水平	10	
专业技能	完成采购工作所需技术、技巧、业务熟练程度、经验	10	
创新能力	在工作中，能够应用相关理论，展开调查研究，提出新方案	10	
理解、判断力	能准确领会领导意图，能及时、正确地运用知识、经验，根据有关情况，分析问题，判断原因	10	
沟通能力	为顺利完成采购，随机应变处理各种冲突；在尊重供应商的前提下，阐明自己主张，并使供应商理解，巧妙地使人采纳或认可	10	
学习与发展能力	热爱采购工作，具有明晰的发展目标，不断进取，努力学习业务技术知识和相关技能	10	
公司认可度	对企业文化、企业理念、组织管理、领导风格等组织行为的认同、参与、拥护及热爱程度	10	
积极性和责任感	无须具体命令和批示，都能保持明确的工作目标和旺盛的工作热情，不拿工作做筹码与公司和领导斤斤计较和消极怠工	10	
协作性	团队意识强，服从工作安排，为群体的合作精神做贡献，无独行独往、自作主张和为私利排斥公司行为的情况	10	
纪律性	能自觉遵守和维护公司制度，在制度下完成相应的采购任务	10	
合计	注：工作能力总分为 100 分，占采购员绩效考核分数的 40%	100	
总计	综合得分＝工作绩效得分×60%＋工作能力得分×40%		
第三部分：综合评价			
任职资格确认或建议：□胜任　□基本胜任　□不能胜任，建议换岗　□其他			

绩效应用

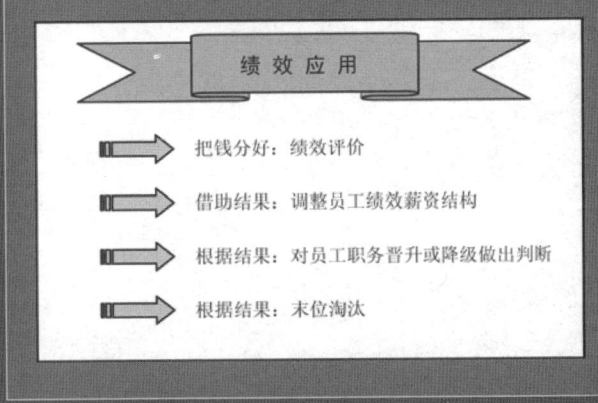

绩 效 应 用

➤ 把钱分好：绩效评价

➤ 借助结果：调整员工绩效薪资结构

➤ 根据结果：对员工职务晋升或降级做出判断

➤ 根据结果：末位淘汰

华为的成功真正在于"把钱分好"。任正非表示："我的压力就是发展太快了，赚的钱太多了，怎么解决对外分配、对内分配的矛盾问题，我觉得这是最难的问题。"

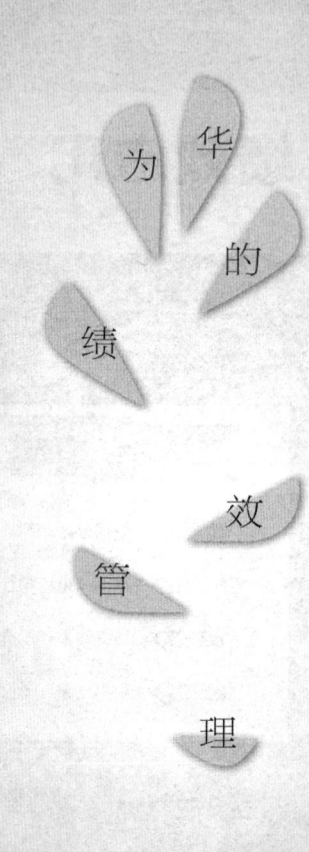

第一节 把钱分好：绩效评价

　　任正非曾经有句名言，说他在华为 20 年所做的最重要的事就是分钱，把钱分好了，组织就活了。杰克·韦尔奇也说过："我的工作就是将最好的人才放在最大的机会中，同时将金钱分配在最适当的位子上，就是这样而已。"

　　华为发布的 2013 年年报显示，其销售收入 2390 亿元人民币（约 395 亿美元），超越了爱立信（约 353 亿美元），净利润也是爱立信的近两倍。虽说华为内部不认可外界评价所说的华为超越爱立信成为第一，因为与华为相比，爱立信业务更加单一。从运营商业务来讲，华为还处于第二的位置。

　　外界非常关心的一个问题就是"是什么驱动着华为取得这样的成功"。有些人回答说，是华为的核心价值观好。是的，华为的核心价值观是什么？是以客户为中心，长期的艰苦奋斗，这个核心价值观是好。但是以客户为中心，也是"顾客是上帝"这句话的另外一种表述，这种表述是不是就是华为成功的驱动力呢？事实上，它是一面旗帜，召唤华为向正确的方向走，并不是华为的驱动。

　　也有人说，华为的成功在于多年来持续的管理改进，使得当华为还是一个薄利公司的时候，就具有国际大公司的管理制度、流程、治理结构，等等。我们可以看到，有很多企业也学习了国内外的先进经验，建立了自己的流程制度，但是依然没有华为发展这么快，可见这是一个工具、方法、体现形式，并不是真正的驱动力。真正的驱动力在哪里呢？有时候华为内部人自己开玩笑说，其实华为的成功真正在于"把钱分好"。真正体现公司价值的钱都是客户给的。这是取得钱的问题，取得钱之后，分钱的问题也很重要。

分钱是很敏感的事，谁拿的多，谁拿的少都可能引发一场地震，中国人所说的"不患寡而患不均"就是说的这个问题。如何建立好的机制，科学的评价机制，这在价值链里面是最关键的。所以华为公司的取胜关键就是"评功、行赏、打胜仗"。

这样一个价值循环包括了价值创造、价值评价、价值分配这样一个体系，这是华为认为自己为什么能在 20 多年里面快速成长，驱动整个公司在商业上取得成功的根本的动力。在这样的体系中，价值评价是最为重要的一部分，而绩效管理是价值评价最重要的一个工具。

华为的绩效管理不仅仅是人力资源，还是业务主管的家庭作业。绩效管理是华为价值评价的重要的实现手段。这样的一个理念是深深刻在华为每一个管理者身上的，所以华为推动绩效管理工作的时候，管理者的配合和自觉是华为整个工作推行比较顺利的保证。

为了保证绩效考核的公平性，华为对基层管理者进行一轮轮的培训，在评价前进行多次讨论和排队，耗力惊人。

把钱分好，论功行赏。很多小公司只是关心做业务，觉得业务做好了一切都好了。由于忽略了绩效考核的公平性系统的构建，最后组织有种巨大的无力感，员工干什么都觉得没劲。而且小公司通常没几个人，也是总经理说了算，大家平时关系也不错，于是就大锅饭了。大锅饭表面上是照顾了兄弟义气，看起来很公平，其实是伤害了真正努力的人，是最大的不公平。

小公司的管理者也知道上述弊端，但由于他们担心不能公平拉开考核差距，所以不敢花精力来做好分配，或者不好意思指出大家的不足并把大家人为分为三六九等，于是得过且过。因为回避问题，最后导致组织更加混乱。

第二节 借助结果：调整员工绩效薪资结构 ▶▶▶▶

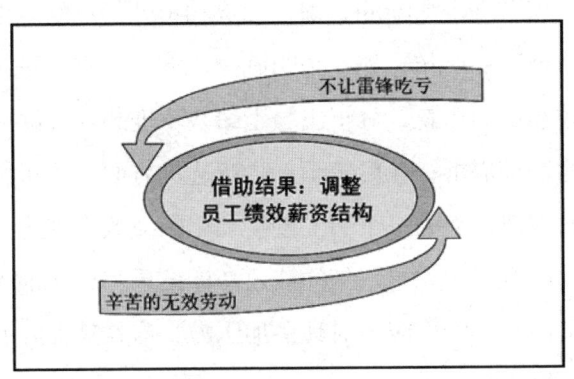

绩效考核带来的薪酬差距是一种横向的压力差，它以绩效和贡献为基准，人为拉开彼此差异，让员工和员工比，利用这种差异激发员工努力工作。横向压力差意味着员工只要努力，现在就能挣更多的钱。

绩效管理，原则上是由上对下进行。所以在考核环节，基本上是华为的管理层对下属做考核，下属给予反馈，结合双向沟通。获得考核结果后，管理者还要将其及时与激励制度和能力发展计划挂钩才能发挥作用。

华为员工的绩效加薪、浮动薪酬也都以此为依据。

绩效考核分为 A、B、C 三个档次，每年每个档次的总绩效奖金差别在五千元以上。

绩效考核按照员工比例来固定分配，A 档次一般占员工总数的 5% 左右，B 档次占 45%，C 档次占 45%，还有 5% 的员工将被视作最后一档，还有可能是将要被淘汰的那一部分。

如果连续几个月获得 C 或者待查的员工，不仅拿不到奖金，也意味着被内部调岗或者降薪，对于员工来说，被调动到工资低的岗位或者降低工资，收入损失都不小。

这样做最大的好处就是增加了企业决策的透明度，让员工对自己过去一年的成绩有一个清晰的认识，优势和短处都在绩效考核的结果中一目了然，对今后的一年也能有个明确的目标；同时，培训部门从中也能够获得比较准确的信息，分析出员工绩效不理想或欠缺所在，总结并制定出优先的培训需求；在后备干部队伍选拔方面，也可以从绩效记录中获得很强的支持，因为一个员工连续几年的绩效表现通常预示着其在未来的潜力发展方向。如果每年的绩效考评结果都存在很大的反差，那么说明该员工很不稳定，应该对其多加压力，培养其良好的心理承受能力和处事的风格。

考核员工的绩效，往往是领导根据员工是否按质按量地完成工作。而能够按质按量地完成工作，就意味着员工必须加班，才能跟上华为的快节奏，不至于自己成为整个工程环节的拖后腿者。

> 曾经有一段时间，华为绩效为 A 的员工奖金是绩效为 B 的 2.5 倍，绩效为 B⁺ 的员工奖金是绩效为 B 的 2 倍。由于这种薪酬的差距，绩效好的员工年薪是绩效一般的员工 2 倍左右，这促使华为员工为做好工作付出巨大的努力。

任正非表示："要按价值贡献，拉开人才之间的差距，给火车头加满油，让列车跑得更快些。践行价值观一定要有一群带头人。人才不是按管辖面来评价待遇体系，一定要按贡献和责任结果，以及他们在此基础上的奋斗精神。目前人力资源大方向政策已确定，下一步要允许对不同场景、不同环境、不同地区有不同的人力资源政策，适当差异化。

"效益优先、兼顾公平是市场经济的特点，倒过来公平优先、兼顾效益，这个社会就要垮掉了，因为没有火车头了。社会要富裕，它必须要有火车头拉着跑。火车头拉的时候，就要有动力，这个动力就是差异。"

实际上，华为倡导分配逐渐向优秀员工倾斜，是通过差异化策略来实现的，例如贡献突出的拿得多，反之则拿得少。还有就是利用绩效考核拉大员工之间的差距，给予高绩效人员更高的报酬和待遇。

这种差异化的策略激活了内部竞争，好的更好，坏的得到清除；同时，也体现了公平的原则，优秀的员工通过努力，不断实现自我价值，使懒人、庸人无机可乘。

华为公司在对员工进行绩效考核上采取定期考察、实时更新员工工资的措施，员工不需要担心自己的努力没有被管理层发现，只要努力工作就行。华为的这种措施保证了科研人员比较单纯的竞争环境，有利于员工的发展。

在保持绩效考核合理性的同时，为了减少或防止办公室政治，华为公司在对管理者的考察上也从三维角度进行，即管理者个人业绩、上级管理者的看法以及管理者与同级和下级员工的关系。管理者正式上任前要通过六个月的员工考核，业绩好只代表工资高，并不意味着会被提升。这样的管理者晋升机制从道德角度和利益角度约束了管理者的个人权力，更加体现了对下级员工意见的尊重。

华为一直注重分配体系向奋斗者、贡献者倾斜。刚毕业的本科生进入华为的起薪标准为 6000 元／月左右，研究生为 8000 元／月左右，这种区别随着工作年限加长而越来越小，主要比拼的是工作业绩和能力。

为了保证公司内部管理公平，并持续保持激活状态，2006 年来，华为推行"以岗定级、以级定薪、人岗匹配、易岗易薪"的薪酬制度改革，根据岗位责任和贡献产出，确定每个岗位的工资级别；员工匹配上岗，获得相应的工资待遇；员工岗位调整了，工资待遇随之调整。华为人力资源委员会认为，这次改革受益最大的，是那些有奋斗精神、勇于承担责任、冲锋在前并做出贡献的员工；受鞭策的，是那些安于现状，不思进取，躺在功劳簿上睡大觉的员工。"老员工如果懈怠了、不努力奋斗了，其岗位会被调整下来，待遇也调整下来。"

"以岗定级、以级定薪"体现了员工承担责任同回报挂钩，"人岗匹配、易岗易薪"体现了员工在岗位上的真正贡献与其回报挂钩的导向，从而使得公司责任结果导向的理念在日常机制上落了地。

2008年，任正非在市场部年中大会上这样说道："企业的目的十分明确，是使自己具有竞争力，能赢得客户的信任，在市场上能存活下来。要为客户服好务，就要选拔优秀的员工，而且这些优秀员工必须要奋斗。要使奋斗可以持续发展，必须使奋斗者得到合理的回报，并保持长期的健康。"

华为在报酬方面从不羞羞答答或遮遮掩掩，而是公开、坚决向优秀员工倾斜。

华为曾用40万元的年薪聘请了一位从事芯片研发的工程师。这位工程师来到华为以后，为华为攻破了一道道难关，他为华为做出的贡献远远高于40万元。公司也看在眼里，不久就给他加薪，并且一次性将他的年薪涨到50万元。

对于这件事，任正非说："拿下狮子周围那些领地，会有你们各自的份额。"可见，华为坚决执行向优秀员工倾斜的制度的决心和力度。这刺激了员工不断前进的欲望。更重要的是，很多本来优秀的员工也愿意付出更多的热情、心血和努力投入到公司的发展浪潮中，与企业共存亡。

为了完善分配体系，让优秀员工得到合理的回报，华为还研究了很多国外先进的管理模式，并把它们引入管理中来。任正非要求华为大胆尝试，大胆改革。

2009 年，EMT 纪要会议给出了答案："继续对奖金进行优化，率先在奖金激励机制上打破平衡：一是打破跨区域的平衡，二是打破区域内部的平衡，三是打破人与人之间的平衡。如果看到哪里奖金很平均，那这个干部就该换了，做不到奖勤罚懒，结果就是好的全走光了，差的全挤在那儿。今年公司明确了有 5% 的人员奖金为零，哪个大部门定不出这 5% 的人，那个部门的奖金就不能启动发放，当然这是指大部门而言，小部门不要这样僵硬。但在任职资格和人岗匹配上还是强调要跨区域保持平衡，因为人员总是要流动的。"

2014 年，任正非甚至在人力资源工作汇报会上表示："跑到最前面的人，就要给他'二两大烟土'。"

2014 年 12 月，任正非强调："我们要进一步对岗位责任制进行合理设计，不必处处要求高学历。不合理地使用高学历，就是高成本。我们的管理已经逐步变得规范，操作已经明晰，在相当多的岗位上，可以开放专科生上岗。一定要把成本降下来。"

绩效奖励差异设置过大也会有很大的负面影响。华为 2008 年推出新的绩效管理时，因为设置了过大的薪酬差异，导致大家都不合作，部门墙很厚，大家觉得与其帮助别人做出团队绩效，还不如耕耘自己的一亩三分地，做好自己的绩效重要。最后华为不得不对奖金的过大差异进行了调整。

所以，光绩效奖励差异还不够，组织文化建设也很重要。任何管理都需要人来执行，而且再精细的管理和考核都会有边界模糊的问题，此时就需要文化来弥补和润滑，通过文化来凝聚大家，来实现团队合作。

不让雷锋吃亏

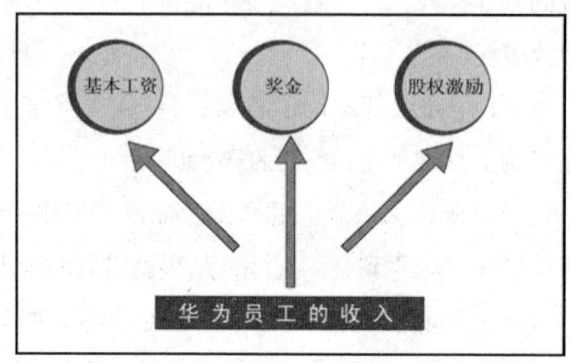

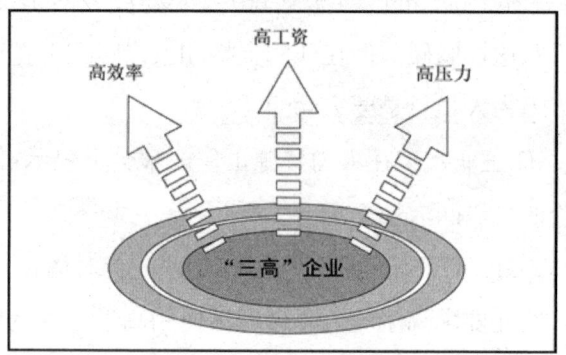

"不让雷锋穿破袜子，不让焦裕禄累出肝病。"在华为的高速运转过程中，一直走"高薪"路线。按任正非的说法，华为就是"高效率、高工资、高压力"的"三高"企业，"高工资是第一推动力"。

华为一开始就在实行全员高薪制度，只是现在华为更敢于这样做。1993年年初，作为软件工程师进入华为的刘平之前在上海交大当老师，在学校的工资400多元一个月，这还是工作8年的硕士研究生的待遇。来到华为后，当年2月份的工资是1500元，比当时上海交大的校长工资还高，而且他2月份只上了一天班，结果拿到了半个月的工资！这让刘平大感意外，深受感动。第二个月涨至 2600 元，之后，令刘平激动的是，每个月工资都会上涨，1993 年年底他的工资已涨到 6000 元。这一年他的年薪为 4.8 万元（折合成 2009 年的购买力大致等于 48 万元的年薪）。华为之所以这样做，是因为任正非相信，企业可以高价买元器件，高价买机器，也可以高薪买人才。

后来《华为公司基本法》中有了这样一句话："华为公司保证在经济景气时期和事业发展良好的阶段，员工的人均收入高于区域行业相应的最高水平。"

一则流传较广的故事说，在华为的员工大会上，任正非提问："2000 年后华为最大的问题是什么？"大家回答：不知道。任正非幽默地告诉大家：是钱多得不知道如何花，你们家买房子的时候，客厅可以小一点、卧室可以小一点，但是阳台一定要大一点，还要买一个大耙子，天气好的时候，别忘了经常在阳台上晒钱，否则你的钱就全发霉了。虽然带有明显的鼓动意味，但不可否认的是，华为员工普遍满意自己的薪水。

华为人力资源部门定期向专业咨询公司购买外部薪酬市场数据，以此随时分析和审视华为薪酬标准的外部竞争力。其针对海外员工薪酬体系的制定，首先是尊重当地法律以及风俗习惯；其次便是必须结合华为本身的支付能力，以及"对内对外的公平性"。与当地主要同行企业比，华为的薪酬水平具有较高的吸引力。

华为员工的收入分为基本工资、奖金和股权激励三部分，其中基本工资是按 12 个月每月进行发放。员工奖金支付根据员工个人所负的工作责任、工作绩效及主要完成项目的情况而定，同时也会考虑总薪酬包的情况。华为人力资源部会定期对工资数据进行回顾，并根据回顾结果和公司业绩对员工薪酬进行相应调整，以保证该项计划能在市场竞争和成本方面保持平衡。

2011 年在宏观经济情况并不十分乐观的情况下，考虑到物价上涨等多重因素，华为仍实行了涨薪。2011 年上半年结合员工的绩效情况，华为对中基层员工的工资进行了调整，平均涨幅 11.4%，覆盖 4 万多名员工。华为此前也多次为员工涨薪，涨幅每年不同，但在 2002 年 IT 泡沫，企业倒闭潮期间例外。当年华为基层员工工资水平没有调整，而高层自愿申请降薪 10%。华为员工的总体收入在行业内是很有竞争力的。也由于这个原因，华为员工的流动率并不高，一直保持在 6%~8%。

2013 年，华为宣布将首先投入超过 10 亿元人民币用于 13 级~14 级员工 2013 年的本次加薪，各部门平均涨幅在 25%~30%。此外，从 2014 年应届生开始，本科毕业生起薪将从以往的 6500 元（一线城市税前）上调至 9000 元以上；硕士毕业生起薪将从 8000 元（一线城市税前）上调至 10000 元以上。

在华为看来，13 级~14 级的基层员工群体是公司各项业务的主要具体操作执行者，他们思想新，冲劲足，富有活力和热情，是公司未来的管理者和专家之源。应届生刚进华为的薪酬级别均为 13 级，此次加薪是为进一步吸引和保留优秀人才，特别是中基层人才，增加刚性即确定性的工资收入。

华为每年都会根据公司业绩普调员工薪水，调整幅度一般在 10%。

实际上，华为高层已认识到虚拟股对基层员工吸引力逐年下降的情况。这也是 2013 年 1 月，华为 CFO 孟晚舟，宣布给员工奖金和分红达 125 亿元的背后原因。

除此之外，华为从 2013 年三季度开始将基层员工起薪上调 40%~50%，研究生起薪从 7000、8000 元人民币上调至 10000 元，本科生起薪从 6000 元上调至 9000 元。同时中层员工每年末位淘汰 5%，基层员工末位淘汰 10%，开始实施新的"胡萝卜加大棒"策略。

任正非说："我不眼红年轻人拿高工资，贡献很大才能拿到这么高的工资，我们还要进一步推行这种新的薪酬改革。前二十几年我们已经熬过了不平坦的道路，走上新道路时，就要新条件。三个人拿四个人的钱，干五个人的活，就是我们未来的期望。这样改变以后，华为将一枝独秀。"

说白了，就是给能干活的人多一些钱，激励他们干更多的活。华为也不宣传让大家都去做雷锋、焦裕禄，但对奉献者公司一定给予合理回报，这样才会有更多的人为公司做出奉献。这既是核心价值观，也是华为的基本价值分配政策。

任正非在其文章《华为的红旗到底能打多久》中说道："公司努力探索企业按生产要素分配的内部动力机制，使创造财富与分配财富合理化，以产生共同的更大的动力。我们决不让雷锋吃亏，奉献者定当得到合理的回报。这种矛盾是对立的，我们不能把矛盾的对立绝对化。我们是把矛盾的对立转化为合作协调，变矛盾为动力。"

2005 年，华为内部文件《关于人力资源管理变革的指导意见》中明确指出："我们已明确员工在公司改变命运的途径有两个：一是奋斗，二是贡献。员工个人可以奋斗是无私的，而企业不应让雷锋吃亏。"

如何分辨你是老板级的员工还是打工仔级的员工？在华为，从你的薪资账户比较就很清楚。

"我们不像一般领薪水的打工仔，公司营运好不好，到了年底会非常感同身受，" 2002 年从日本最大电信商 NTTDoCoMo 跳槽加入华为、LTETDD 产品线副总裁邱恒说，"你拼命的程度，直接反映在薪资收入上。"

以他自己为例，2009 年因为遭遇金融海啸，整体环境不佳，公司成长幅度不如以往，他的底薪不变，但分红跟着缩水。隔年，华为的净利创下历史新高，他的分红就超过前一年的 1 倍。

这等于是把公司的利益与员工的个人利益紧紧绑在一起。在华为，一个外派非洲的基础工程师如果能帮公司服务好客户，争取到一张订单，年终获得的配股额度、股利，以及年终奖金总额，会比一个坐在办公室，但绩效未达标的高级主管还要高。

辛苦的无效劳动

古罗马皇帝哈德良曾经碰到过这样一个问题：他手下的一位将军，觉得他应该得到提升，其理由如下：作战经验丰富，参加过 10 次重要战役。

哈德良皇帝是一个对人才有着高明判断力的人，他并不认为这位将军有能力担任更高的职务，于是他随意指着拴在周围的战驴说："亲爱的将军，好好看这些驴子，它们至少参加过 20 次战役，可它们仍然是驴子。"

资历与经验固然重要，但这并不是最重要的。在人力资源管理领域有一个普遍认同的观点：不要听一个人说了什么，而要看一个人做了什么。职场中，业绩是检验优劣的标准，是证明能力的尺度。一个员工是否优秀，关键要看他所创造的业绩的大小。一个企业要的是赢得核心竞争力，要的也是业绩。

IBM 前主席兼首席执行官路易斯·郭士纳曾说过："有些人总是抱怨，自己为公司工作了很多年，没有功劳有苦劳，但薪水却还是那么少，职位升迁得也太慢。只是那些抱怨的人啊，你想要多拿薪水，你想升迁得快，你就应该多拿出点成绩给我看看，你就得给我创造出更多的效益。现在，甚至你是否能够继续留任，都要看你的表现！业绩是你唯一的证明！"

1996 年，任正非这样讲过："很多人汇报工作时，老是说工作很辛苦。我不喜欢有人说自己有多辛苦。要看你的工作成绩，没有业绩的工作没有意义。工作描述中不要动不动就出现工作辛苦之类的东西。关键是业绩，要强调成效。公司要生存、要发展，必须要有业绩。"

华为强调，市场经济肯定以市场为中心，这个目标导向是不能变化的。我们以市场为中心，是目标。比如说洗煤炭，你把煤炭洗白了，你确实劳动态度很好，任劳任怨，不怕脏、不怕苦、不怕累，可是洗煤炭不具有任何价值和意义。我们只有明确了目标导向，为市场服务，才算是我们的服务目标明确。

华为有加班的文化，在华为，是否带有华为基因，甚至一度以加不加班作为体现。2000 年，任正非提醒道："大家必须提高管理效率，不要为加班而加班，不要搞形式主义。"

巨人董事长史玉柱曾明确表示其公司要求"只认功劳不认苦劳"，他这样说道："我们企业文化里面第一条就是只认功劳不认苦劳，苦劳在一个企业里是没有任何贡献的，他不会带来任何利润，但是中国的文化传统就经常说，我没有功劳还有苦劳呢。我们企业只认功劳不认苦劳，把这个企业文化灌输下去，大家一旦认可之后，这样企业的效率自然就会高。"

2009 年，任正非这样讲道："华为公司一定要提高效率，并不是说埋头苦干就行。我们不主张加班加点，不该做的事情要坚决不做，这方面的节约才是最大的节约。算一算研发开发出来的功能，利用率不到22%，而通信行业电话功能的利用率更是不到千分之一，这个世界用来用去还是摘挂机，但我们公司过去就做不好。研发越高级的技术，大家就越兴奋，越去研究，职务和工资也越来越高，简单的技术反而不愿意去研究。如果我们减少 20% 的无效工作，那么既节约了成本，也不用加班加点。"

华为的工资分配实行基于能力之上的职能工资制；奖金的分配与部门和个人的绩效改进挂钩；安全退休金等福利的分配，依据工作态度的考评结果；医疗保险按贡献大小，对高级管理和资深专业人员与一般员工实行差别待遇，高级管理和资深专业人员除享受医疗保险外，还享受诸多健康待遇。华为坚决推行在基层执行操作岗位，实行定岗、定员、定责、定酬的以责任与服务作为评价依据的待遇系统，以绩效目标改进作为晋升的依据，而非以苦劳为依据。

第三节 根据结果：对员工职务晋升或降级做出判断

华为最初建立了管理和技术两大通道，现在是管理、技术和项目管理三大通道，每一个通道又划分为若干等级，比如想当人事经理，就必须达到这一专业通道层次的几级任职资格，任职资格跟绩效又有关系，只有连续三年绩效达到 12 分，才有资格申请更高一级，都是环环相扣。

有人问为什么在华为人才能够脱颖而出？华为的岗位晋升线和能力晋升线是两条。竞争上岗的基本条件是任职资格，这就导致了任何一个岗位都会有 3 到 4 个达到任职资格的人等在这个地方，这就是任正非提出的"饿狼逼饱狼"，你在这个岗位上必须好好干，否则马上就有接替者。民营企业最大的问题就是一个萝卜一个坑，老板总觉得自己没有后续人才，其实是人才储备体系出了问题。又有人提出，说我天天参加任职资格，我业绩不行，行不行？这就是现在很多民营企业做的，这个人很闲就去培训，越忙越抽不出时间培训。华为不然，要想参加任职资格培训，有一个前提条件，绩效考核一共 15 分，必须达到 12 分以上，这就避免有的人一味地参加能力晋升，但是业绩做不出来，就把绩效、能力、岗位这几条打通了。我们现在很多企业考核任职资格、绩效、培训都各干各的不配套，华为是责、权、利、能四位一体。

华为重视绩效管理结果应用，将绩效管理结果作为员工晋升、调薪等的客观和主要依据。

1. 半年度绩效

目前，华为绩效评定等级分为"A"、"B⁺"、"B"、"C"、"D"五个等级，半年度绩效各等级比例如下：

序号	绩效等级	比例范围		备注
1	A	≤ 50%	≤ 10%	潜在规定
2	B⁺		无	
3	B	未作限制		
4	C	> 50%		强制比例限制，具体 C、D 等级比例未限制
5	D			

半年度绩效评定结果不与工资挂钩，主要作为人员培训、任命、调薪、评优和岗位匹配等参考评价依据。

注：对员工进行评估时，综合对其一年内绩效情况进行考察。

2. 年度绩效

2009 年以前，华为公司人员年度绩效评定主要根据四个季度绩效按照各等级对应绩效分数（A 6 分、B 4 分、C 3 分、D 1 分）进行加权计算后得出该员工年度绩效分数，然后根据预先设定的分数区间对应绩效等级拟定出该员工年度绩效等级。

年度绩效主要与年终奖挂钩，年终奖具体标准由各一级部门根据奖金包大小及各等级比例人数情况进行分配，集团总部不做限制。一般情况下，员工年终奖金额为其 2～6 个月的工资。

绩效等级为 D 人员无年终奖。

实行末位淘汰制，对于年度绩效评分排名靠后的 5% 人员进行末位淘汰。淘汰员工时会进行末位淘汰沟通、访谈，由各一级部门对员工年度绩效等级情况进行梳理，并报 AT 团队进行最终的讨论决定。

注：奖金包大小根据各一级部门年度 PBC 完成情况及绩效评定情况进行设置，一般由华为 IRD（投资管理委员会）根据公司年度工作重点和战略规划，结合各一级部门承担工作重要性进行评价，最终确定各一级部门奖金包大小。

五级双向晋升通道

管理不一定要采取强势和压制，而是应该尽力把员工专长变为他们的绩效，都充分发挥特长，让团队产生绩效，也要让个人得到成长。

我们似乎存在这样一个思维定式：对于技术能力强的老员工，将来的发展方向一定是要走上管理岗位，有个一官半职，否则就没有发展空间。甚至对于一些立志一辈子做技术工作的员工，这种观念也会对他们的信念形成压力，最终难以留在研发一线。普遍的情况是，研发的老员工如果没有机会升迁到管理岗位，往往会离开研发部门，转到其他部门工作。当然，也不是说这种流动不好，但是，当研发所有的老员工都在这样流动的时候，就永远是新人做开发，技术和经验无法得到有效的继承和积累，难以培养真正的、资深的技术专家。

华为某一研发团队有一个老员工 B，1997 年入职，一直工作在研发一线，负责单板开发，善于解决疑难技术问题，是资深硬件专家。他本人对技术很专注，不愿意做管理工作。

但是，随着团队中新员工的不断增加，以及新版本的不断启动，他被任命为一个项目的硬件经理。起初，所有人都认为以他的技术能力，完全可以胜任这个岗位。但事实证明，他不适应，也不喜欢这个新的岗位，对团队的计划、监控、新员工的培养、沟通等各个方面都没有感觉，还是对所有技术问题都事必躬亲。干了一段时间，虽然自己筋疲力尽，但团队绩效评价不好。

后来，为了扭转这种局面，华为在团队中提拔了一个技术能力略低，资历较浅，但有管理潜质的员工接替工作。新官上任以后，大胆管理，而 B 也解脱了烦恼，积极配合工作，主动承担了疑难问题的技术攻关任务，项目组绩效逐渐有了起色。

在有些企业里，经常会听到一些不太易懂的头衔，像什么正部级设计师、副处级绩效主管、正科级业务员，等等。试着问个究竟，不外乎就是在具体职位前面加上了相应的行政级别，这样一来，地位和待遇等级都可以一目了然。

1998 年之前的华为，就是这样的一种称谓模式。每到公司开会的时候，先要规定一下参会人员的级别范围，如科级以上或者处级以上等，不论你是管理人员，还是其他专业人士，只要满足相应的级别要求，都必须参加，如果不清楚自己是否符合参会条件的话，可以先去问一问上司。

伴随着企业的发展，除管理层之外，也涌现出技术、营销、制造、采购、财务以及人力资源等方面的专业人士。和唯一的行政称谓比起来，叠加式的头衔，已经进步了许多，至少承认了专业人士的基本地位，但还是没有完全跳出"官本位"思想的束缚。毕竟，享受某某级别的待遇与真正的某某官衔相比，总是会有低人一等的感觉。在许多专业人士看来，最好还能兼个科长、处长之类的行政职位，或者干脆直接转向管理职位发展，否则职业前景依然黯淡。职业发展既像是在登山，又像是在走迷宫。登山是指在层级式的组织结构中，越往上爬位置越少，还要同时顾及一不留神有摔下去的危险；而走迷宫，就是有许多条通道可供选择，但很难辨别到底哪条路径正确，毕竟走错路或回到起点的情况也时有发生。

传统的职位价值评估，基本上可以解决专业人士薪酬待遇方面的问题，但是，是否拥有与自己能力相匹配的明确身份，以及明确的专业发展方向也同样的重要。如果这些问题不能妥善解决的话，企业要么很难培养出各类专家人才，要么无法长期保留这些专业人才。

要鼓励员工不断提高职业技能，首先要让他们明确知道自己职业发展的上行通道。华为在借鉴英国模式的基础上，设计了著名的"五级双通道"模式。

先梳理出管理和专业两个基本通道，再按照职位划分的原则，将专业通道进行细分，衍生出技术、营销、服务与支持、采购、生产、财务、人力资源等子通道。这些专业通道的纵向再划分出五个职业能力等级阶梯，如，技术通道就由助理工程师、工程师、高级工程师、技术专家、资深技术专家五大台阶构成，而管理通道是从三级开始，分为监督者（三级）、管理者（四级）和领导者（五级）。

在这个多通道模型中，每个员工至少拥有两条职业发展通道。以技术人员为例，在获得二级技术资格之后，根据自身特长和意愿，既可以选择管理通道，也可以选择技术通道发展。由于两条通道的资格要求不同，如果技术特点突出，但领导或管理能力相对欠缺的话，就可以选择在技术通道上继续发展，一旦成长为资深技术专家，即使不担任管理职位，也可以享受公司副总裁级的薪酬与职业地位，企业也得以充分保留一批具有丰富经验的技术人才。很多员工还可以选择两个通道分别进行认证，企业采取"就高不就低"的原则来确定员工的职等待遇。

当时华为的常务副总裁李一男等一批技术领导就同时兼有技术和管理两个通道的等级资格。作为一名技术部门的管理者，一旦失去管理职位后，凭借其相应的技术等级资格，可以再转回到技术通道上发展，这就解决了管理队伍新老接替中"下岗干部"无法安置的问题。

这就和围棋运动一样。为了大致区分棋力的高下，围棋运动中将职业和非职业选手分为若干个段位。通过职业发展通道设计、职业能力等级标准制定和职业等级认证三个方面的制度设计，企业中不同类型的员工，也可以拥有自己的职业"段位"，以及不断提升"段位"的机会。

这样，对于每一名员工而言，根据自身特长和意愿，既可以选择管理通道发展，也可以选择与自己业务相关的专业通道发展，从而妥善解决了一般企业中"自古华山一条路，万众一心奔仕途"的问题。

华为这样做，不单避免了评价中的偶然因素，也符合职业发展需要持续一贯的原则，有效地摆脱了论资排辈的条条框框。"五级双通道"的精髓尽在于此，你努力，那就上；你不努力，那就下。

定岗定薪：纵向的压力差

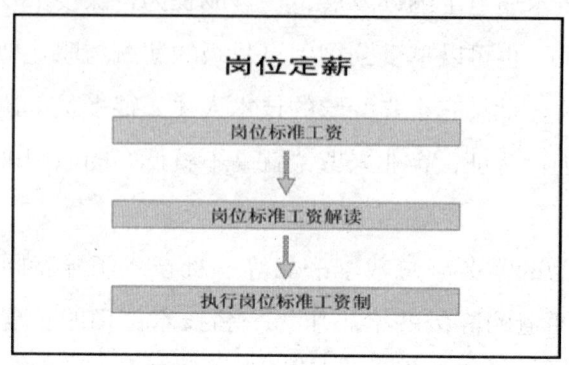

任职和未来薪酬的变化，是在时间的维度上构建的压力差，它是一种纵向的压力差，让未来的自己和现在的自己比，激发自己更努力地工作和成长。纵向压力差意味着员工只要努力，以后会挣更多的钱。

人都是有追求的，都想出人头地，都是有爬梯子的冲动的，所以压力差不仅要构建出来，还要描绘出来，这样大家才会看到目标，从而更有激情。目标不仅仅包括组织目标，也包括个人薪酬目标。

拉开差距构建压力是需要勇气和成本的，而且要能通过合适的干部或程序，能保证必要的公正性，否则只会更加恶化组织。绝对的公平是不存在的，但总体的公平是十分重要的，也是值得企业不懈追求的。压力差和公平在一起，组织才能真正激发起来。

华为员工的激励是根据定岗定薪，不同的岗位可能级别不同，工资自然不同。2009 年，任正非在文章《人力资源体系要导向冲锋，不能教条和僵化》中这样写道："我们首先要把岗位搞清楚，把岗位的重量搞清楚，让每个岗位在公司都应该有增值。岗位的重量是不断变化的，不是永恒不变的。当岗位不规范的时候，可能要求的干部级别职级高；当岗位规范后，'扳道岔'就不需要'钦差大臣'了。所以岗位是循环变动的，人力资源部可以建立一个规则部门，规则部门就循环认证目前岗位的重量。岗位重量确定后，各种级别配多少人就清晰了。"

定岗定薪是指同贡献，同报酬，它是华为与奋斗者分享的理念之一。任正非在《华为的红旗到底能打多久》一文中指出："各尽所能，按劳分配。怎么使员工各尽所能呢？关键是要建立公平的价值评价和价值分配制度，使员工形成合理的预期，使其相信各尽所能后你会给其合理的回报。而怎么使价值评价做到公平呢？就是要实行同等贡献，同等报酬原则。不管你是博士也好，硕士也好，学士也好，只要做出了同样的贡献，公司就给你同等的报酬，这样就把大家的积极性都调动起来了。"

1997 年，华为与 HAY 公司合作，初步建立了职位管理的概念。2003 年，华为推行人岗匹配和易岗易薪，要把职位管理搞清楚，才能谈人的管理问题。

职位管理，华为首先是跟顾问交流，强化了对评价标准的定制，更加突出责任导向和结果导向，围绕这两点，把整个评估要素进行了调整，使得职位职级的评估更能体现华为的价值导向。接下来，采用从典型岗位到普遍岗位的方法，花了一年多时间，把整个公司的职位系统进行了梳理。

在职位管理方面，大量借鉴了业界的标准方法，但在这些方法中植入了华为的特质。比如：以岗定级，采用了定制后的方法来做职位评估；以级定薪，是华为自己的实践，华为与国外咨询公司一起讨论，做方案，把职位职级跟业界对标，确定它的薪酬定位；人岗匹配、易岗易薪也是我们的实践创造和总结，体现了责任挂钩——你到了这个岗位，在岗位上做出了贡献，那你就获得相应合理的回报；在这个岗位，你的薪酬区间就清楚了，但能不能获得这些回报，还取决于你在这个岗位干得怎么样，胜不胜任。而且如果被换岗了，薪酬会随着岗位变化而调整。这使得薪酬回报跟责任贡献弹性挂钩。这在业界都是没有的，但落实了华为责任结果导向的管理理念。

在人力资源绩效导向方面，华为 2012 年做了一个改革，员工奖金和薪酬包由自上而下的"授予制"，变成自下而上的"获取制"，而不是平均分配，体现了华为"多劳多得"的导向。

2012 年，任正非在基层作业员工绝对考核试点汇报会上这样说道："基层员工加工资，主要看价值贡献，不要把等级过于绝对化。基于价值贡献，小步快跑，多劳多得。我们以绝对考核为基础来调整工资。这样就使得这个评级简单化了，而且量化、公开化，基层员工就看到了希望。"

任正非认为"英雄不问出身"，只要做出了同样的贡献，公司就给予同等的报酬，这种激励能够最大限度地激发员工的工作潜能。后来，华为建立了一套体现定岗定薪的分配体系——岗位标准工资。

岗位标准工资

2009 年，任正非在其文章《人力资源体系要导向冲锋，不能教条和僵化》中这样写道："我们明确，由人力资源委员会的编制委员会来确定我们应该有多少岗位，以及这个岗位是什么重量。你们干部和管理部门要如何去称岗位重量，去看这个人是不是适合这个岗位。这两个职类岗位，反正我们只能用一个，多了一个怎么办？要么你就把多的这个干部挤下去，要么你就把这个干部调给别人。你们原来是针对人来称重量，而不是针对岗位的需要来称，现在我们要强调针对岗位的需求来称。"

为了合理反映员工的贡献与报酬之间的关系，华为人力资源部制定了岗位标准工资。将员工职位分为22个等级，每个等级又按照胜任能力分为A、B、C三个层次。13级以下基本上都是普通员工，这里不具体描述，我们重点来看13级及以上的。华为员工标准岗位工资明细及分析如下表所示。

华为员工标准岗位工资明细及分析

单位：元

岗位等级	C	B	A
13	5500	6500	7500
14	7500	9000	10500
15	10500	12500	14500
16	14500	17000	19500
17	19500	22500	25500
18	25500	29000	32500
19	32500	36500	40500
20	40500	44500	49500
21	49500	54500	59500
22	59500		

华为将每个等级与员工绩效考核成绩相对。如果员工考核（对员工贡献的评价结果）获得15C，那么他的工资就是10500元，奖金、期权另算，但也要通过绩效考核来衡量贡献，通常15级将获得3万~4万元期权。

岗位标准工资中还设定了胜任系数，以奖勤罚懒。完全胜任的系数是1，基本胜任的系数是0.9，暂不胜任的系数是0.8。此外，为了让华为人继承华为的企业文化，公司还设定了地区差异系数，一级城市1，二级城市0.9，三级城市0.8，其他城市0.7。

岗位标准工资的等级确定，一是依据面试、试用情况；二是依据日常工作、项目执行的评价，总之做出的贡献越多，得到更高等级岗位工资的可能性越大。华为人员所在等级说明：

①助理工程师的技术等级为13C～15B。

②普通工程师B的等级为15A～16A。

③普通工程师A的等级为17C～17A。

④高级工程师B的等级为18B～19B。

⑤高工A或技术专家为19B～20A。

⑥三级部门主管为19B～19A。

⑦二级部门主管为20A。

⑧一级部门主管为21B～22B。

⑨最高等级为22A。

其中，华为技术专家的等级等同于三级部门主管，高级专家最高可达到一级部门正职的技术等级21A～22B，这也体现了同贡献、同报酬的分配原则。

任正非表示："逐步实施岗位职级循环晋升，激发各单位争当先进。第一，我们实际已有的薪酬标准就不要改变了，动的是个人职级。第二，以岗定级不能僵化。以后有少部分优秀人员，没岗位但允许有个人职级，要看重这些人有使命感，创造力。如果脱岗定级的问题现在找不到合适方法来操作，就把优秀人员的岗位职级先调整了，然后他自己再去人岗匹配，程序还是不变，这个机制可以叫作'岗位职级循环晋升'。如原来20级的组织，其中做得优秀的那30%可以转到21级，每三年转一圈，做得好的才动。每年拿30%优秀部门来评价，如果明年这个岗位还在先进名单里，就更先进了，还要涨。落后的没涨，就会去争先进，争先进的最后结果，我们把钞票发出去了，而且主要发给优秀单位。实行全球 P 50 标准工资的人员范围应该还要向下覆盖。若当公司出现危机时，不是一两百人就能够救公司的。具体如何操作法，扩大到多大规模，我不知道。"

执行岗位标准工资制

华为实行岗位标准工资制后，很少由上级任命、定级，完全由员工按照相关规定自行应聘相关职级，如工作 8 年以上的可以去应聘 16A，工作 6 年的可以去应聘 15B、15A，上级只是负责考核。这杜绝了各种不公平的现象发生。

①能力突出、项目经验丰富、有经理级职务或技术专家，可应聘 18 级。

②工作 10 年或以前担任过部门经理的社招员工（社会招聘人员），17A 以上，并派往海外。

③工作 6 年，能力和技术水平一般，但基本能胜任工作的普通社招员工，给予 15B、15A；如果在原公司是骨干给予 16B、16A。

④社招工作 8 年的普通员工，一般给予 16A 或 17B。

⑤特招进入华为。一般给予 17A～18A，并给予签字费、股票。

⑥原公司若是思科、爱立信、阿朗、诺西等公司正式任命的部门经理（部门主管），则给予等同于华为三级部门主管的级别 19B 或 19A。

⑦应届本科生最低级别 13C。

⑧生产线上的操作工 13C 以下。

需要说明一点，签字费就是给跳槽至华为的员工的补偿金，以及奋斗者协议奖金，一般为 3 万～5 万元。

此外，华为的待遇还体现在技术等级与任职资格挂钩上，上文已经详细解读过，也就是说技术等级是职称，职称是享受待遇等级的。华为规定技术等级＋13＝任职资格，如技术等级3A，任职资格为3A＋13＝16A。这为许多走技术路线的员工提供了同等的待遇。

定岗定薪分配体系建立后，极大地提高了华为人工作的动力，为华为带来了前所未有的繁荣。

第四节 根据结果：末位淘汰

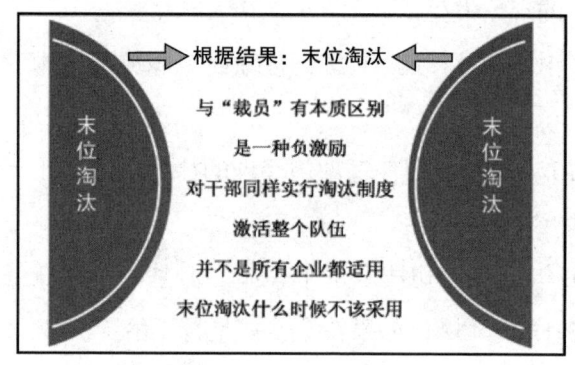

作为绩效考核的配套制度，为了增加被考核者的压力，使被考核者更好地完成目标，都对考核结果排在末位或后几位的员工实施淘汰。末位淘汰是世界普遍采用的一种负激励方法，如大家知道GE（通用电器）的"活力曲线"（Vitality Curve）就清晰地表示了末位淘汰的必要性。"活力曲线"也就是韦尔奇所称的"造就一个伟大组织的全部秘密"。

如果只有考核，没有奖惩，那么对员工是起不到激励作用的。因此末位淘汰作为绩效考核后的一种负向激励手段，是必不可少的。现有的考核制度不执行，一切将形同虚设，来自市场竞争的压力得不到有效传递，即所谓"井无压力不出油，人无压力轻飘飘"，没有压力就没有动力。

　　GE 每年会根据员工的表现，把员工分为三类：表现最好的 A 类员工，他们占员工总数的 20%。接下来是 B 类员工，他们占员工总数的 70%。最后是表现较差的 C 类员工，他们占员工总数的 10%。这个比例是强制分布的，也就是说，每个团队都要按照上述比例将员工的绩效表现进行分类。而对于不同类别的员工，GE 的奖励力度也会有很大区别。A 类员工得到的奖励是 B 类员工的两到三倍，同时获得大量股票期权，他们是 GE 最宝贵的资产，是 GE 要全力培育和留住的人。60% ~ 70% 的 B 类员工也会得到股票期权，C 类员工则会被淘汰。通过这样的机制，GE 可以留住最优秀的人才，而不合适的员工将会离开 GE，GE 的竞争力也通过人才的流动不断增强，全球 500 强企业中，曾有超过一半的 CEO 出自 GE，从这一点，我们就可以看出 GE 在培养人才方面的强大，而活力曲线在促进人才的成长层面，起到了关键性作用。

　　末位淘汰制是绩效考核的一种制度，也是一种强势管理，旨在给予员工一定的压力，激发他们的积极性，通过有力的竞争使整个单位处于一种积极上进的状态，进而提高工作的效率和部门效益。在华为这样一个重视清除沉淀层的企业，自然十分重视"末位淘汰"。

　　任正非十分认同韦尔奇的"活力曲线"，他曾在一次内部讲话中指示："每年华为要保持 5% 的自然淘汰率。"任正非说："有人问，末位淘汰制实行到什么时候为止？借用 GE 的一句话来说是，末位淘汰是永不停止的，只有淘汰不优秀的员工，才能把整个组织激活。GE 活了

100多年的长寿秘诀就是'活力曲线','活力曲线'其实就是一条强制淘汰曲线,用韦尔奇的话讲,'活力曲线'能够使一个大公司时刻保持着小公司的活力。GE活到今天得益于这个方法,我们公司在这个问题上也不是一个三五年的短期行为。但我们也不会急于草草率率对人评价不负责任,这个事要耐着性子做。"

华为认为,末位淘汰应是一项长期的人力资源政策。业绩不好要执行,业绩好的时候,也应执行。长期高速增长会使人处于得意之中,更容易产生懒惰的心理。一个战斗力不强的队伍,其必然的结果就是失败、灭亡。末位淘汰使人保持危机意识,组织保持活力。

与"裁员"有本质区别

"末位淘汰制"与"裁员"有着本质区别,前者则是为了激励员工,使他们觉醒,不要落后于时代;后者主要是企业为了摆脱包袱,迫不得已而采取的手段。前者过滤的是一些无法接受挑战,或不愿做出改变的人;后者很多时候是一刀切。

事实上,华为那些被淘汰下来的员工并不完全是被解雇,有一部分可以进入再培训,或选择"内部创业"。需要注意的是,末位淘汰制度有多种形式。如果末位淘汰的结果是将处于末位的劳动者调离开某一职位,换一个岗位后工作,或者对处于末位的劳动者进行培训后再工作,这样形式的末位淘汰制度就不违反我国的劳动法律。如果根据考核排名的结果直接把处于末位的员工从岗位上辞退,则是违反《劳动法》的。

《华为公司基本法》这样规定:"利用内部劳动力市场的竞争与淘汰机制,建立例行的员工解聘和辞退程序。"除此之外,《华为公司基本法》还规定:"公司在经济不景气时期……启用自动降薪制度,避免过度裁员与人才流失,确保公司渡过难关。"

可以看出，华为虽然一直在执行末位淘汰机制，但其原则正如任正非所言，目的在于提高人均效益，打造一支善于冲锋陷阵、无往而不胜的"铁军"。

关于裁员，2000 年，任正非在与身处逆境的员工对话时这样说道："讲到这个裁员问题，大家一定要有一个心理准备。我们可能会不断地扩张，也会产生不断地裁员。因为整个环境是在大变化的，随时随地你们都可能会被裁掉，包括我自己在内。国外有非常多的大公司，总裁都会被裁掉，所以经济不好就会被裁员，经济好就会扩张，这是新的劳动组合。当然我们是希望共同在一起奋斗，但不是以公司的生命终结来解决我们之间的团结。因此，我们要不断地自我批判、自我优化，提高组织效率，避免裁员的产生。

"裁员的过程中，每个骨干可以向有关部门申诉，'我是什么样的骨干，我做过什么贡献，为未来能承担什么责任。'不要赌气，你愿意留在华为工作的话，你可以申诉，大家加强沟通，但是裁员是永远不可避免的。

"自动降薪也是一样，我们的薪水如果只能升不能降的话，这个公司也是一个悲剧。

"裁员时我们要友好，请人家吃顿饭，欢送欢送，送点礼品。我们不是有劝退指标吗？劝退最高可以送 12 个月的工资，我们有这些东西都是一种友好的表现，各级部门要善于理解公司这种友好的态度。以后还会裁员，这是毫无疑问的，这一点我们决不会向员工做太平的承诺，我们永远不会太平，是因为市场竞争太激烈，我们又不是强手。世界上没有一个上帝能保证我们是常胜将军，我们怎么保证员工终身能在公司工作呢？我们没有这个承诺保证。

"所以我建议从现在开始，员工们都少一些主人翁意识，多一些打工心态，我到这个公司是打工来的，我要好好干，不好好干就会被裁掉。我说的是少一点，而不是没有，这也是针对一部分员工说的，他们的主人翁精神太强，进入公司后事事关心，但自己的本职工作做得不好，突然被主管调整，心里想不通，我这么爱公司，关心公司，这么主人。须知每个人在公司的工作地位是以本职工作做好来确定的。"

是一种负激励

在华为，实施末位淘汰机制与其要求员工要保持强烈的危机意识，目的是一致的。"华为的危机，以及萎缩、破产是一定会来到的"，任正非在他那篇著名的《华为的冬天》中如是说。而当觉察到这种萎缩就要到来时，保持每年 5% 的自然淘汰率比进行裁员更有利于华为的人员管理。

任正非认为通过淘汰 5% 的落后分子能促进全体员工努力前进，让员工更有危机感，更有紧迫意识。员工为了不被淘汰，就必须不断地提高自己，调整自己，以适应公司的要求和发展形势。而这种能上能下、有进有出的竞争机制也给华为带来了活力。任正非在其文章《能工巧匠是我们企业的宝贵财富》中写道："由于市场和产品已经发生了结构上的大改变，现在有一些人员已经不能适应这种改变了，我们要把一些人裁掉，换一批人。因此每一个员工都要调整自己，尽快适应公司的发展，使自己跟上公司的步伐，不被淘汰。只要你是一个很勤劳、认真负责的员工，我们都会想办法帮你调整工作岗位，不让你被辞退，我们还在尽可能的情况下保护你。但是我们认为这种保护的能力已经越来越弱了，虽然从华为公司总的形势来看还是好的，但入关的钟声已经敲响，再把公司当成天堂，我们根本就不可能活下去。因为没有人来保证我们在市场上是常胜将军。"

对于被排在末位的员工，对于不能吃苦受累的员工，任正非的态度非常坚决：裁掉走人。在2002年的《迎接挑战，苦练内功，迎接春天的到来》一文中，任正非说道："排在后面的还是要请他走的。在上海办事处时，上海的用户服务主任跟我说，他们的人多为独生子女，挺娇气的。我说独生子女回去找你妈妈去，我们送你上火车，再给你买张火车票，回去找你妈去，我不是你爹也不是你妈。各位，只要你怕苦怕累，就裁掉你，就走人。"

在华为，被裁掉的人一般有两种：一种是无法接受华为的企业文化，没法适应快节奏、高压力、常加班；另一种是在华为待的时间长了，工作的能力和积极性下降，工作效率达不到要求。

"末位淘汰制"还可以帮助华为招揽更多优秀人才。由于经济形势导致一些同行业公司破产或者裁员，致使不少优秀、熟练的人才流落到了市场上。而华为需要大量的优秀人才，所以华为严格执行末位淘汰政策，也有很大一部分原因是想要空出岗位，招揽这些能为企业立即带来效益的优秀人才。

对干部同样实行淘汰制度

对于"老资格"的干部，任正非同样实施着严格的淘汰制度，他说："我们非常多的高级干部都在说空话，说话都不落到实处，'上有好者，下必甚焉'，因此产生了更大一批说大话、空话的干部。现在我们就开始考核这些说大话、空话的干部，实践这把尺子，一定能让他们扎扎实实干下去，我相信我们的淘汰机制一定能建立起来。"

在任正非看来，末位淘汰制度有利于干部队伍建设，可以让员工更有效地监督领导干部，使领导干部有压力，更好地运用权力，使清廉而有能力的干部得到应有的晋升。华为实行干部末位淘汰制，其目的也是在干部中引进竞争的机制，增强干部的危机意识。

作为一个庞大的集团，华为要想能够使其始终保持高速运转的形势，就必须构建一支优秀的管理队伍。因此，在华为，不管员工以前做过多么大的贡献，都不会享受干部终身制，而是坚持干部末位淘汰制度，建立良性的新陈代谢机制，不间断地引进一批批优秀员工，形成源源不断的干部后备资源；开放中高层岗位，引进具有国际化运作经验的高级人才，加快干部队伍国际化进程。

激活整个队伍

对落后者、懒惰者的淘汰是对优秀者的激励之一，否则是对优秀者的打击，对个人如此，对组织也是如此。落后、懒惰就像慢性传染病一样，不控制就会扩散蔓延。企业要是容留这种人太多，组织的积极性就会大大挫伤，团队就会士气低落。

虽然有些人认为华为的末位淘汰机制过于残酷，使员工缺乏安全感，也不符合人性化的管理思想，但任正非认为，实行末位淘汰制还是有好处的，是利大于弊的。任正非在华为例会上说道："事实上我们公司也存在泡沫化，如果当年我们不去跟随泡沫当时就会死掉，跟随了泡沫未来可能也会死掉。我们消灭泡沫化的措施是什么？就是提高人均效益。

"队伍不能闲下来，一闲下来就会生锈，就像不能打仗时才去建设队伍一样。不能因为现在合同少了，大家就坐在那里等合同，要用创造性的思维方式来加快发展。军队的方式是一日生活制度、一日养成教育，就是要通过平时的训练养成打仗的时候服从命令的习惯和纪律。如何在市场低潮期间培育出一支强劲的队伍来，这是市场系统一个很大的命题。要强化绩效考核管理，实行末位淘汰制，裁掉后进员工，激活整个队伍。

"实行末位淘汰走掉一些落后的员工也是有利于保护优秀的员工，我们要激活整个组织。大家都说美国的将军很年轻，其实了解了西点的军官培训体系和军衔的晋升制度就会知道，通往将军之路，就是艰难困苦之路，西点军校就是坚定不移地贯彻末位淘汰的制度。"

华为的国际对手思科同样是利用末位淘汰制来使员工保持一贯的激情。思科的前中国区总裁杜家滨在接受媒体采访时说道："我们当然是希望大家都能够做到最好，但如果自己不愿意进步，不能保持激情，我们怎么能期望他有为客户服务的良好状态呢？待得越长的员工越要想办法调动他的积极性，使他愿意去付出更多的努力。

"我们公司有从上至下的末位淘汰制，每一季度都有。是换岗还是走人看具体情况。新人与旧人的区别就是，新人可能对新岗位有好奇心，有愿意做好的愿望，而旧人可能面对同样的问题敏感度不高了，或者是因为其他原因不愿意去付出更多，这就是换岗的意义之一。对于那些做得不好的人，我们的原则是一定要给他换岗位，如果一个人在某个岗位上有了相当多的经验，把他换走对公司也会有一定的影响，所以要慎重，但是从个人发展的角度看，我们要帮助员工成长，要帮助他们达到一个新的里程碑。"

并不是所有企业都适用

在这里，需要补充一点，那就是有些企业在引入 GE 的活力曲线机制时，遇到了强大的阻力，很多企业中途都放弃了这种机制。为什么会出现这样的情况呢？实际上，杰克·韦尔奇在其自传中讲到，并不是所有企业都适合应用活力曲线机制，之所以在 GE 能够发挥效果，是因为 GE 已经建立了一种竞争文化。在这种文化下，大部分管理者和员工都能够接受这种带有强制淘汰机制的管理方式。而形成这样的文化，GE 用了十几年的时间。所以，当企业没有建立这种竞争文化时，强行引入活力曲线是很容易失败的。通过 GE 的活力曲线，我们可以更加深刻地理解竞争机制，同时，也要根据企业的现实情况，制定适合自身的竞争规则，这样，才能提升员工的成长速度。

末位淘汰什么时候不该采用

（一）末位淘汰这种刚性手段对于在绩效指标的设置上，能力素质、工作行为过程和业绩结果等类型的考核指标各占一定权重，除刚性的业绩外其他指标也比较重要的时候，不应采取。基于以下三点主要原因：一是因为短期的业绩表现并不是预测将来业绩表现的唯一可能因素；二是由于现行年度绩效管理方案在对绩效的评价上是以定期的绩效统计作为考核依据的，如果仅以短期内的绩效为依据便行淘汰之法，也不合理，因为淘汰是岗位管理的方法，而岗位管理评价员工是否称职，合理的做法应该以任职期间的累计工作业绩的完成情况为评判标准（动态股权激励模型是用岗位与虚拟股权比例挂钩替代与长期的累积业绩总额或平均业绩挂钩，其他条件不变），而不是指应该与年度薪酬管理挂钩的当年的业绩情况；三是由于绩效管理系统通常也会不十分完善，在指标设计、权重或评分标准上可能存在疏漏，或今后也有调整改变的可能，那么这样的话完全根据现行的尚还不十分成熟完善的绩效情况，就行淘汰之法，也是不科学的。

（二）如果以任期内量化的结果导向的绩效指标的完成情况为依据，在岗位 KPI 的考核上，确实不需要考虑能力、行为等潜在的人力资源价值指标，但如果量化指标里有几个同等或近似相等重要的指标，员工在这些量化的指标上存在着"偏科"现象，而这个存在"偏科"的量化指标足以支撑一个新的细分的岗位考核需要时，那么此时应该考虑的是将该员工所承担的岗位职责加以分解，或转岗位到以该"偏科"绩效指标为主进行考核评价的相关岗位上去，以充分达到人尽其长，才尽其用，而不是简单淘汰了之。如果只有单一的重要的量化绩效指标，当然我们可以按照常规的做法，给予一定的培养期或见习期，在此期间由于绩效的不理想（差绩效或无绩效）导致个人收益的不佳，员工自己也会产生离职的想法，这时企业通知他按照咱们的制度要求应该怎样怎样就没有太大问题了，这样的管理就更加人性。而其实即使是这种情况，我们也可以不用传统做法的。

华为的奖金发放

2009 年的奖金沟通开始了。由于公司 2009 年整体效益较好，而且强调奖金向绩优团队和绩优个人倾斜，绩优员工的总体奖金水平比去年（2008）有明显增长。但是，也有些部门、员工的绩效与 2008 年相比，贡献产出不明显，甚至有 5% 左右绩效后进的员工奖金为零。

奖金增长的员工，主管和员工沟通起来很愉快，员工也信心满满，自然而然憧憬和期望着明年奖金应该比今年更多。奖金没有什么增幅，或者下降的员工，可能就有些抱怨，这种情绪也影响到一些基层主管，不敢去面对员工的心态，根本的原因还是我们的这些基层主管没有引导员工对奖金建立正确的认识。公司是不可能保证每人的收入是逐年增长的，因为没有人保证公司会常胜。

奖金是什么，我们应该以什么样的心态正确对待收入和奖金的波动，应该作为一个严肃的话题认真对待。

首先，奖金是什么？奖金不是固定收入，它是弹性的，必然有升有降。一个员工获得多少奖金，主要取决因素有三：一是公司的经营状况；二是所在部门的业绩；三是员工自己的绩效贡献。一句话，奖金的多少，取决于公司对于客户价值的创造、部门对公司的价值创造、个人对部门的价值创造。奖金不是等着公司发的，或者是争来的，而是需要努力工作挣出来的。而且，固定收入也不是一成不变的，也是易岗易薪的。

我们必须清醒知道，在全球经济动荡的 2009 年，公司为什么能够取得好效益？除了全体员工长期共同奋斗的主观因素，也有一些其他的重要内外客观因素。如，2009 年公司更聚焦于客户，及时、准确、优质、低成本满足了客户的需求；深入进行内部流程精简，也精简了组织结构与人员编制，进一步加强了内部成本管理，严格控制了招聘质量，强调人均效益的提升，等等。在外部，我们碰到一些机遇，国内 3G 牌照突然发放，包括贷款利率下调导致财务费用降低、汇率波动控制平稳导致汇兑收益等，一些友商忙于自身调整分散了精力，等等。这些内外部的因素综合起来，带给公司与年初预计相差较大的"偶然"。虽然有我们数十年努力的必然，但我们不能不意识到"天无三日晴"的贵州，也经历如此大旱。设想一下，如果上述这些利好因素有一些没有发生，2009 年就不会有这么好的收成。

老员工应该还记得，在 2002 年前后，由于 IT 泡沫的破灭，虽然公司全体员工都很努力，但客户的需求在萎缩，公司的经营业绩仍遭遇了相当的困难，大多数员工的奖金都比往年出现下降，而管理者甚至采用自愿降薪的方式，来表明与公司共渡难关的决心。因此，在欢天喜地分奖金的时候，要仔细想一下丰收背后的原因，一定要充分认识到，奖金和工资一样，都是要靠打拼努力，一点点从激烈的市场竞争中挣来，要更清醒地认识到未来如何继续努力奋斗。

其次，应以怎样的心态看待奖金的涨与降？奖金和其他激励资源一样，其分配要体现绩效创造，奖勤罚懒，谁的贡献大，哪个组织的贡献大，奖金分配就应该多，奖金分配要拉开差距，这正是坚持我们以奋斗者为本、鼓励冲锋的人力资源政策的具体体现。即使近年公司总体经营状况较好，如果某些部门或团队的业绩出现下滑，这些部门或团队的奖金包也理所当然要下降。员工个人绩效由好变差，其本人所获得的奖金也当然要减少。干好干坏一个样，会破坏了我们按责任和贡献付酬的基本原则，会把组织拖向"福利

181

社会"、"养老院",高福利就是高成本,我们离死亡就不远了。

只有每个员工的贡献大于成本,企业才有发展的基础。市场风云变幻莫测,并没有任何人能够保证华为能永远活下去,只有我们自己努力奋斗,这是市场竞争的基本规律。期望收入永远上涨,就像期望人生永远一帆风顺,是会摔跟头的。如果你的奖金比上一年少了,你会以什么样的心态去面对?会不会发牢骚、抱怨,甚至不再聚焦工作了?需要每个组织、每个员工问问自己这个问题。要想有蛋糕分,唯有去奋斗创造出蛋糕,只抱怨不行动最终饿死人。我们要相信,华为有一天也会效率不高的,任总说过:"十年来我天天思考的都是失败,对成功视而不见,也没有什么荣誉感、自豪感,而是危机感。也许是这样才存活了十年。"华为总有一天也会死亡的,失败这一天是一定会到来,这是历史规律,那时能够挽救这个公司的只有你。若你那时对奖金下滑不满意,一肚子都是气,你如何把我们这个航船拖离冰山。我们说的这一肚子气的人,更多是今年拿得多,明年拿得少的人,而且也许是全部人在效益不好时,都降低了收入。

再次,对于管理者来说,奖金是管理工具,奖金的目的在于激励员工更好为公司创造价值。在给员工发奖金的时候、皆大欢喜的时候,也不要忘记自己作为一名管理者的责任。一名合格的管理者,绝不是"好好先生",你好我好大家好,"好好先生"是对先进员工的打击。而是不仅要让员工看到希望,也要合理引导和管理员工的期望,不仅要告诉员工前面的无限风光,也要告诉员工可能碰到的困难和险阻。奖金是公司与奋斗者一起分享公司的经营成果,是对贡献者的回报,也不要忘记对员工期望值进行合理引导和管理。奖金不是给管理者用来当"老好人"用的,它和其他管理手段一样,都是为了加强团队战斗力,激发团队的持续奋斗的动力,最终创造高绩效。

当然,"分蛋糕"的事没那么容易做。员工奖金少了,主管不敢跟员工沟通;员工奖金高了,主管会担心万一明年少了,又怎么沟通。作为一名管理者，一定要敢于管理，也要善于管理。不能管理的人，要逐步从干部队伍中淘汰出去。敢于管理是要明确绩效目标和要求，严格要求，带领团队创造价值贡献；善于管理，是要及时发现员工思想困惑，因势利导，综合物质和非物质的激励资源，引导和激发团队以正确的心态来看待收入的波动，把注意力聚焦到如何创造绩效上。管理者要能有效地管理团队，准确地将公司提供的激励措施在正确的时间、正确的场合用在正确的对象身上，才能产生最大的战斗力。不能合理地管理好团队的期望值，不能在团队中树立正确的回报观，就是把矛盾随意推给公司，这是没有管理能力，也是对公司和员工极不负责任的表现，这样的干部应该辞去行政管理职务。

当然，我们现在的奖金模式，当期效益权重还太重，战略成绩的评估还不尽科学，有可能导致目光短浅，我们要在今明两年的制度中改进。要理解我们今年的改革是要打破平均主义，在有些方面着力还不够，欢迎大家提出善意的方案。

由俭入奢易，由奢入俭难。我们不可能永远是丰年，也可能遭遇干旱无雨的季节。大家要保持良好的心态，继续长期坚持艰苦奋斗，通过奋斗创造客户价值，帮助公司持续取得经营成功，进而获得个人好的收入回报。职业化可以提高效率，但不等于职业化以后，就不需要艰苦奋斗。西方公司的纷纷死亡，说明这条道理。他们百年的努力形成了良好的职业化，我们的职业化就是从他们那儿学来的，"职业化"的名词都是他们发明的。问题是他们成功以后太舒服了，让我们省掉了喝咖啡的时间追了上来，难道以后的小公司也会喝咖啡吗？如果他们也不喝呢？市场经济逼得法人是不敢停止前行的，自然人只能以退休来暂停奋斗。法人是一天也不能惰怠的，惰怠就是死亡，你也将一无所有。

樱桃好吃树难栽。今年遇到了好收成，明年大旱来了怎么办？

（本文摘编自《樱桃好吃树难栽，大旱来了怎么办》；作者：华为人力资源部；来源：《华为人》，2010）

任正非：关于激励

关于激励："获取分享制"应成为公司价值分配的基本理念，敢于开展非物质表彰，导向冲锋，激发员工活力，公司就一定会持续发展。

1. 社会保障机制是基础，上面的"获取分享制"是一个个的发动机，合理规划劳动所得和资本所得，导向冲锋，公司就一定会持续发展。

我提出四个假设，你们来看是否正确。第一个假设：流程组织优化，在5年内是否会逐渐有进步？进步的标志就是人员减少，工作效率提高，利润增加。第二个假设：针尖战略是否将增加我们定价和议价的能力？第三个假设：3~5年内，有的竞争对手在衰退，我们的商业生态环境是否在改变？第四个假设：现在人力资源改革产生的动力，特别是分享机制形成以后，会不会提高生产力？如果这四个假设成立，意味着利润会增加，我们可分配薪酬包也就增加了。股东、劳动者收益分配要有合理比例。未来为华为创造价值，要承认资本的力量，但更主要是靠劳动者的力量，特别在互联网时代，年轻人的作战能力提升很迅速。有了合理的资本、劳动分配比例、劳动者创造新价值这几点，那么分钱的方法就出来了，敢于涨工资。这样人力资源改革的胆子就大一些，底气就足一些。

所有细胞都被激活，这个人就不会衰老。拿什么激活？血液就是薪酬制度。社会保障机制是基础，上面的"获取分享制"是一个个的发动机，两者确保以后，公司一定会持续发展。"先有鸡，才有蛋"这就是我们的假设。因为我们对未来有信心，所以我们敢于先给予，再让他去创造价值。只要我们的激励是导向冲锋，将来一定会越来越厉害。

2. 逐步实施岗位职级循环晋升，激发各单位的争当先进。

第一，我们实际已有的薪酬标准就不要改变了，动的是个人职级。第二，以岗定级不能僵化。以后有少部分优秀人员，没岗位但允许有个人职级，要看重这些人有使命感，创造力。如果脱岗定级的问题现在找不到合适方法来操作，就把优秀人员的岗位职级先调整了，然后他自己再去人岗匹配，程序还是不变，这个机制可以叫作"岗位职级循环晋升"。如原来20级的组织，其中做得优秀的那30%可以转到21级，每三年转一圈，做得好的才动。每年拿30%优秀部门来评价，如果明年这个岗位还在先进名单里，就更先进了，还要涨。落后的没涨，就会去争先进，争先进的最后结果，我们把钞票发出去了，而且主要发给优秀单位。实行全球P50标准工资的人员范围应该还要向下覆盖。若当公司出现危机时，不是一两百人就能够救公司的。具体如何操作法，扩大到多大规模，我不知道。

3. 差异化管理各类人员薪酬，激发员工的活力。

特殊专业人群可以采用特殊方式的用工和激励方式，如厨师可以拿提成制，多劳多得，抢着出单，才能促进服务质量的提高；法务、翻译等人群，可保留和激励自己的骨干作战队伍，也可以临时用社会上的资源，比如同声翻译，短期雇佣一次，表面上看起来会花不少钱，实际使用起来的总成本还是降低了；文字翻译，只要能及时交付翻译稿件，也可以在家里上班。建立这样的社会平台组织，我们自己的组织就缩小了。

在海外，薪酬福利管理要简单化，逐步走向像西方的市场化管理。已经实行全球P50高工资的人很多补贴要取消，要建立一个制约措施，不能让大家比赛浪费，过多的补贴不一定让战斗力增强，可能还是惰怠的，不是激励性的。若大家不愿意去利比亚、伊拉克……可以提高特有的激励待遇体系，这是激励措施不是补贴。以前我们为了阿富汗能去18个人，却采取各种全球化的限制方案，把整个组织都压得喘不过气来，现在的做法就是用阿富汗、伊拉克或新疆等地区的特有激励方案牵引大家去，别的体系则正常运作。

4.非物质激励就是要把英雄的盘子划大，敢于表彰，促使员工的长期自我激励。

第一，非物质激励就是要把英雄的盘子划大，毛泽东说"遍地英雄下夕烟"。现在我们要把英雄先进比例保持60%~70%，剩下30%~40%，每年末位淘汰，走掉一部分。这样逼着大家前进。第二，敢于花点钱做一些典礼，发奖典礼上的精神激励，一定会有人记住的，这就是对他长期自我激励。美军海军学院的毕业典礼很独特，在方尖塔上涂满猪油，让大家爬这个塔，大家一层层地攻，欢庆这个典礼。华为大学也要构思一个华为自己的典礼形式，不要总是扔帽子。

IBM为何用豪华林肯座驾接待新员工?

提到美国的豪华车，人们首先想到的多半是凯迪拉克或林肯。很多人可能一辈子都没有坐过林肯车，这是首个以总统的名字命名的品牌，它以其杰出的性能、高雅的造型和无与伦比的舒适，成为专为总统和国家元首生产的高档轿车。可是IBM却用这种车来接一位留学加拿大的中国女孩董静。

2006年，董静顺利地拿到了加拿大网络工程硕士学位。但根据加拿大政府的规定，留学生毕业之后，如果90天内还未找到工作，就必须离开加拿大。于是她开始疯狂地上网寻找招聘信息，并怀着"初生牛犊不怕虎"的精神，勇敢地向IBM加拿大总部发去求职信。

一个阳光明媚的下午，她接到了一个自称是IBM公司某部门主管的人打来的电话，通知她去面试网络支持的职位："董小姐，请您下周一飞到多伦多的IBM加拿大总部进行面试，机票和旅馆费用全由本公司承担。"

按照IBM的安排，她一下飞机，公司安排好的车就来接她。可让她再长两个脑袋都没有想到的是，来接她的居然是一辆林肯房车! 她以为自己弄错了，一再确认车牌号——百分之一千没错啊!

司机主动帮她把行李放到了后备箱，又彬彬有礼地为她拉开了后车门，待她坐好，又为她关上车门。天哪! 这是她第一次坐豪华车，得到这样的礼遇，简直让她有种当"公主"的感觉。她都怀疑这是在做梦，一个普通的求职者，还没有确定是否被录用，IBM为何会如此兴师动众，派辆林肯房车来接她呢？

董静顺利通过了面试，而后进入IBM公司工作，和经理熟悉之后，她曾好奇地问他："为什么会派那么高级的车去机场接我？"经理笑着说："因为我们从你的简历和自荐信中发现，你非常适合这个职位，通过电话后，发现你的沟通能力也很强。IBM创始人托马斯·沃森制定的企业准则第一条就是：必须尊重个人。我们从一开始就尊重你，相信你会从一开始就被我们打动……"她不得不承认IBM的企业文化俘虏了她。

后来她把IBM当成了自己的"家"，打起十二倍的精神，把自己的聪明才智都奉献给了公司。当年年终考评，她的考核成绩是令人骄傲的公司前10%。同时，她还获得了IBM的奖牌。在当期接受培训的来自加拿大、美国以及拉丁美洲国家三个区域的员工里，她是唯一的新员工。

任何企业，如果能如此重视普通员工，能够用最高礼遇迎接新员工，无疑会提高企业的凝聚力和向心力，提高员工的归宿感和使命感，从而使员工以最大的热情、最大的积极性、最好的业绩回报公司，最终最大的受益者还是公司。

（本文摘编自《IBM为何用豪华林肯座驾接待新员工?》；作者：苗向东；来源：《意林》，2010年）

绩效反馈

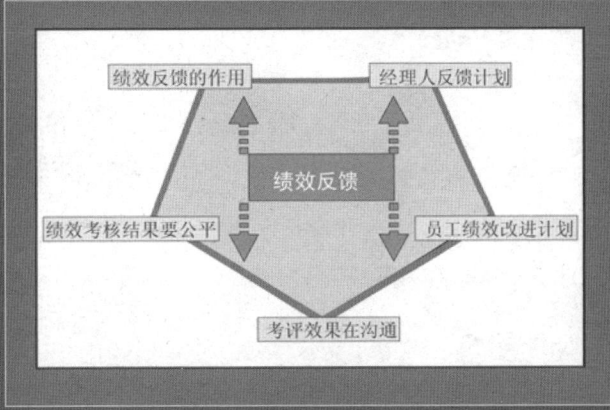

伐木工人在工作时，他们看到"飞起来的木屑"会有助于提升他们的工作积极性，因为"飞出的木屑"就是他们的工作成果，任何看不到成果，只是一味机械重复的工作，都会让工人的积极性降至为零。

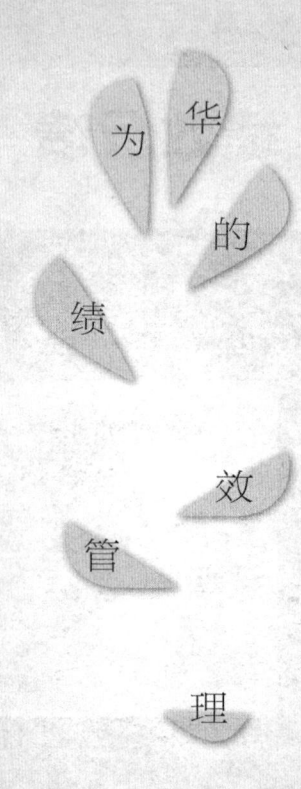

华
为
的
绩
效
管
理

第一节 绩效反馈的作用

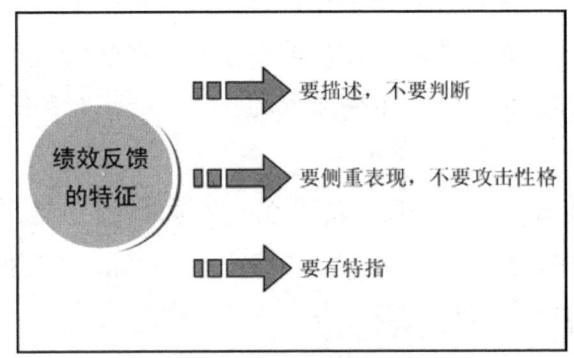

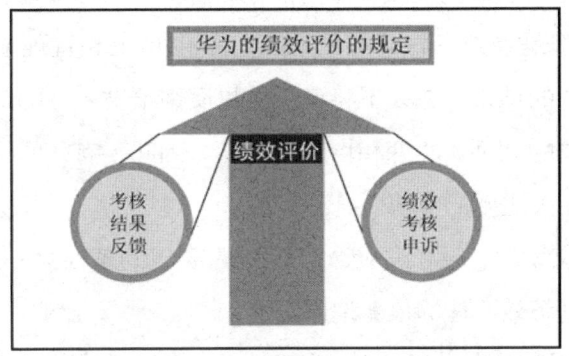

　　根据一项研究显示，相较于从不给意见回馈的主管，员工宁愿选择一个只给负面回馈的主管。因为他们需要知道，在公司与主管眼中，他的表现如何，还有哪些地方需要改善。

　　一家公司正筹备一个非常重要的研究项目，预期要半年才能完成。经理把任务交给公司里一名非常有能力的员工，并告诉他只要完成得好，就马上升职。这位员工高兴地接受了任务，他也确实不负众望。这个项目在他的主导下，一切工作都有序进行着。

但过了三个月，这名员工突然来到经理面前，提出辞职的要求。经理满脸诧异并问道："难道有别的公司以高薪聘请你？"这位员工摇了摇头，诚恳地说："您将这么重要的一份工作交给我，并想通过它给我升职，我非常感激您。但这个项目持续时间太久，我做了这么长时间，只是保证一切不出错，看不到任何成果。我不知道到底做得怎么样，不知道我的工作是很棒还是勉强继续。我本打算彻底完成这项工作，但这种看不到成果的状态，让我对目前的工作没有兴趣了。"

最终，这家公司还是没有留下这名优秀的员工。他走后，公司把这个长期项目进行了分割，设置了阶段性考核目标，在改变了管理方式后，这个项目得以如期完成。

由此可见，有效的反馈机制是活动目标达成的必要条件。

绩效反馈是绩效考核的最后一步，是由员工和管理人员一起，回顾和讨论考评的结果，如果不将考核结果反馈给被考评的员工，考核将失去极为重要的激励、奖惩和培训的功能。因此，有效的绩效反馈对绩效管理起着至关重要的作用。

心理学家发现，反馈是使人产生优秀表现的条件之一。缺乏具体、频繁的反馈是绩效不佳的最普遍原因之一。

绩效反馈其实是肯定被考核者在前一个考核周期中的突出表现，鼓励其继续发挥优势，同时指出不足之处，对于没能完全达标的方面及需要在日后的工作中进一步加强的地方，与被考核者共同探讨问题的成因，并提出行之有效的改进方案和措施的建议，以帮助员工在下一考核周期尽快提高工作绩效，最终实现企业整体绩效的全面提升。

不管考核期限有多长，管理者对下属的反馈应该是每天都在进行，时时都在进行。这种反馈必须是长期不间断的行为。

通常，绩效反馈有两种方式：团队反馈与一对一反馈。

团队反馈，是指一个人给大家反馈。一对一反馈，则是一个人给另一个人进行反馈，这种反馈比较难。在工作中，管理者最怵的就是正视对方的眼睛，告诉对方，你干得真好，我真为你骄傲；或者看着对方的眼睛说，你这事做得真让我感到失望。

绩效反馈的特征可以总结为以下几点：

第一，要描述，不要判断。

第二，要侧重表现，不要攻击性格。

第三，要有特指。

许多企业在操作绩效管理的时候并没有严格按照操作规程来做，在实施之前没有进行科学有效的规划，对于为什么要实施绩效管理，实施绩效管理对企业、经理和员工的好处等内容，企业没有交代清楚。不但员工没有弄明白，就连对绩效管理的实施负有执行责任的直线经理也一知半解，直接导致了经理和员工的沟通障碍，经理和员工不能有效地就绩效管理的方方面面做有效的沟通，使得绩效管理蜕变为形式主义，企业花费了大量的时间和精力，最后却做了无用功，没有任何效果可言。

由于上级和下属之间没有就绩效管理的诸多问题进行沟通，在考评之前，上级没有与下属沟通绩效目标，下属并不清楚自己应该怎样做，也不知道将要对自己做哪些方面的考核，对考核方法、考核程序等关键问题一概不知。

鉴于这种情况，上级无法对自己所做的绩效评价给出有说服性的解释，所以他们害怕与下属沟通绩效，害怕面对愤怒的下属，不愿意因为绩效问题制造矛盾，与下属站到对立面。所以对于绩效反馈，他们往往采取回避的态度，能不反馈则不反馈。

但是，绩效反馈是上级的职责所在，上级有义务将下属的绩效考评结果告知对方，对自己所做的绩效评价给出合理的解释。否则，下属肯定不答应。也许下属不会直面冲突，不会冲到上级的办公室与上级争论，但他们一定会在心里琢磨，一定会有情绪，试想，一群带着情绪工作的员工，其工作效率会有多高？

不反馈的结果只能制造更多的麻烦，使你与员工之间的隔阂会越来越深。

所以，为了还员工一个明白，也为了更好地帮助员工正确认识自己，直线上级必须组织有效的绩效反馈，将员工真实的情况反馈给员工，以消除员工心中的疑虑，更加心情舒畅地做好工作。

同时，将员工的绩效反馈给员工，上级可以更多地倾听员工的想法，与员工一起为未来的工作做更好的打算。这对双方都有益处，绩效反馈做好了，可以创造一个上级和员工双赢的局面，促进上级和员工之间合作，为以后工作的顺利开展打下坚实的基础。

绩效反馈阶段是考核者和被考核者双方都比较紧张的时期。华为经过充分准备后，就考核结果向员工进行面对面反馈，内容包括肯定成绩、指出不足及改进措施、共同制订下一步目标或计划等。华为强调反馈是双向的，主管应注意留出充分的时间让员工发表意见。

在华为，绩效反馈时，面谈沟通的程序是：充分准备（拟定面谈时间、地点、方式、角度、内容等）→营造良好的沟通氛围→把握考核沟通原则→注意开始→平衡听、讲、问→确定下阶段目标。

考核沟通应注意以下原则：对事不对人，只谈绩效而不涉及人格；不将被考核者与第三者比较；谈话内容避免被第三者听到；谈话场地尽可能免受干扰；沟通要坦率、具体。

华为的绩效评价体系中有着这样的规定：

1. 考核结果反馈

考核者应向被考核者反馈考核结果。如果被考核者不同意考核结果，应先行沟通，也可按下列规定进行逐级申诉。

2. 绩效考核申诉

①被考核者如对考核结果存有异议，应首先通过沟通方式解决。解决不了时，被考核者有权向直接上级主管申诉；如果被考核者对直接上级主管的处理结果仍有异议，可以向人力资源部提出申诉。

②人力资源部接到被考核者的申诉后，通过调查和协调，在 15 日内告知申诉处理结果。

③员工如对处理结果仍不满意，可向总经理申诉。

在华为看来，没有双向沟通，就称不上绩效管理。绩效管理是目标导向与价值评价的载体。绩效考核和薪酬紧密联系，考核不仅仅是为报酬服务，而是以绩效的改进为目标。主管要对下属进行辅导、监控，再做出评价。和下属的沟通列入了对各级主管的考评。

综上所述，华为绩效管理具有以下特点：①绩效管理促进绩效改进；②绩效评价基于工作目标的管理；③工作目标设置与员工充分沟通；④目标达成伴随主管的事前指导与事中辅导；⑤鼓励创新，允许员工有创意的计划予以实施；⑥倡导从小事做起、做实事，小改进大奖励，小进步造就大进步；⑦资源共享与内部客户服务系统，构成绩效完成的支撑体系；⑧绩效评价有客观的依据与工具，促进员工不断提高；⑨营造良好组织气氛，充分发掘个人潜力，获得超常工作绩效。

第二节 绩效考核结果要公平

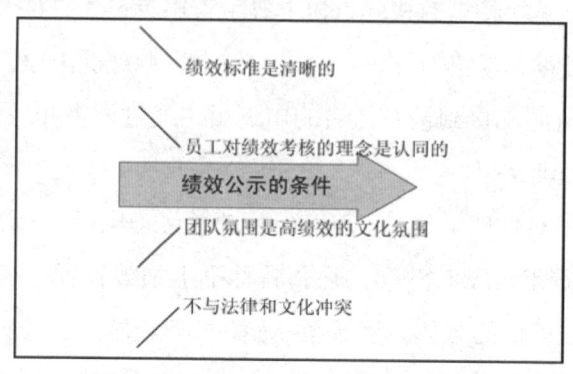

根据公平理论，员工会把自己的投入和所得与别人进行比较，如果感觉公平，那么对士气和绩效都有利；反之，则可能导致消极怠工。不公平感可能导致员工采取一系列不良工作行为，如怠工等。要注意到，公平是一种感知，事实上无法客观、精确地衡量。

在绩效考核中，公平也是人们常常争论不休、议之难决的话题。最显而易见的争论是：定的目标值公平吗？不同岗位之间考核难度公平吗？它的评价结果公平吗？评价结果所采取的激励措施公平吗？等等。事实上这种争论一旦陷入绝对化、极端化，或者寄望仅通过制度规则的设计就把人们主观偏见完全排除了，就已经偏离了当初设立绩效考核的初衷。设立绩效考核的目的是什么呢？即以同样的甚至更少的资源投入，通过管理控制提高资源要素的运行效率，从而得到更理想的结果或产出效益。也可以简言之，是一系列达到及改善目标（业绩）的管理活动。

建立一个公平、公正、公开的团队绩效氛围很重要。每到半年/年度绩效考评的时候，华为心声社区上总有各种各样关于绩效考评的声音，有炫耀自己得A的，有抱怨自己被B、被C了的，更多的是抱怨绩效考核的不公平。其实绝大部分员工都是讲道理的，前提是评价公平、公正、公开。如果主管不能营造这样的团队绩效氛围，只会让团队失去凝聚力，转为内部的恶性斗争，得不偿失。

任正非强调，建设干部队伍要推进组织公开性。2011 年，任正非表示："从后备干部班开始，加强公开性，心得论文全部放到网上去，自始至终让大家都能看到你是咋学习的，以后提拔时，自我鉴定的业绩也要贴到网上去，让老百姓看你是不是把别人的成功项目编到自己身上来了。不敢公开的可以退出去，不会给你们小鞋穿。今后你们在华为的人生轨迹会全公开，包括领导对你的评价，这样公司才能形成一个稳定的结构。公司的管理是一个耗散结构，就是在平衡与不平衡间耗散，在稳定与不稳定间耗散，因为公司已经进入一个比较好的历史时期，我们要敢于耗散，今天敢于说自己，将来别人有事时，我们已经平息了。我们这次把马来西亚事件写成了报告文学，这个报告文学就是新年贺词，让大家看看公司怎么丑的，高级干部怎么丑的，敢于把丑向全世界公布，我们就是敢于胜利。"

秉着公正、公平、公开的原则，绩效考评的标准和指标以及结果，应当公开。绩效考评作为帮助企业战略目标可实现的工具，其结果联系着人力资源管理的各个环节。

华为在 1997 年的时候，就请国际著名公司来做顾问，逐步建立了薪酬体系。在考核政策和考核标准上是透明的，考核结果对本人也是公布的。华为努力做到待遇政策及执行中的公正与合理。孙亚芳表示："新员工不要过多关注待遇，否则你会走得相当艰难。希望大家淡漠待遇问题，否则会影响自己情绪和工作团队。我们请国外顾问公司做了三年的薪酬改革，这家顾问公司为 500 强企业的 270 家做过顾问。公司的考核是比较公正的。"

2014 年 12 月，任正非在《持续提高人均效益，建设高绩效企业文化》中这样写道："我们对新提拔的干部将实行公示制度，听听员工对他们责任心、使命感、工作能力、思想道德品质的评议，置干部于员工的监督之中。"

孙亚芳补充解释说："例如，有些干部发牢骚，说怪话，不负责任地传播捕风捉影的消息，这些公司在讨论任命时是不可能知道的，只有周边的员工才清楚。有这种毛病的人，得等他改正一两年后，他变成一个负责任的人，才可以纳入提升考核。不然盲目提拔以后，会带动一个团队都发牢骚，说怪话。我们要把那些敢于向公司提意见，敢于批评公司的人与之分开。后者是我们最有希望的培养者，也是公司最宝贵的资源，如果他们也善于自我批判的话。"

2010 年，任正非在华为大学干部高级管理研讨班上这样表示："我们要贯彻这样一种制度，公开绩效考核结果，用'公开'监督干部和AT 运作，就是更多地加强公开性，不要怕公开。从今年开始，考核赛公开。公开才会使各级主管和 AT 团队的权力受到制约，想作弊都难，作弊老百姓就会来拱你。我给人力资源部批了一个绩效考评的文件，我认为环评以后再公开，涉及人很多，矛盾不知道在哪，不好解决，我认为环评最后结果要公开，但初评结果也要公开，以使矛盾在小的时候就能解决掉。我承认公开一开始会乱，为什么会乱呢？因为群众会斗你，不要以为官好当。考核公开以后，激励也就简单了，谁创造的绩效多，谁就涨工资，不该涨的就不涨，这样才有一个正确导向，才能让大家拼命往前冲。"

公开员工的绩效结果，对很多考核者而言，这是一件非常具有挑战性的事。考核负责人可能会担心自己考核的公正性是否可以经受得起"群众"的检验；对于被考核者而言，让他人知道自己的绩效，会在团队内部造成一定的竞争态势，绩效优秀者会不会被孤立，绩效不佳者会不会有过大的压力，这些情况都是有可能发生的。因此，绩效公示必须创建一定的条件。

1. 绩效标准是清晰的

绩效标准越清晰，绩效公示的风险就越小，因为绩效结果是显而易见的，管理者"人工判断"的影响很小，这个公示更多地还是要考虑低绩效员工的"面子"问题。

2. 员工对绩效考核的理念是认同的

如果员工将绩效考核理解为管理者行使管理权力的"杀威棒"，那么公示绩效结果将会是一场激化管理者和被管理者矛盾的灾难，可能所有对不公的埋怨都会在这一刻爆发。如果员工接受绩效管理是个人持续改进的工具这一理念，同时借绩效管理形成对管理者阳光考评的监督，那么对绩效结果公示的抵触就必然减少。

3. 团队氛围是高绩效的文化氛围

如果团队内部是百舸争流、良性竞争的高绩效氛围，那么通过绩效公示树立高绩效标杆、明确员工学习导向是非常好的手段。但如果团队内部氛围消极，那么高绩效者很可能会被孤立，很多员工就会说既然你都"优秀"了，那你多干点就是应该的，不但整体团队没有跟上，反而形成了"鞭打快牛"的现象。

4. 不与法律和文化冲突

在海外员工群体中进行绩效公示，结果遭到了很多本地员工的直接抵触。因为很多本地员工认为，绩效等级属于个人隐私，不应该被公开；如果强行公开，甚至会有违当地的法律。由上例可知，绩效公示一定要符合当地的法律法规。

如上所述，绩效公示是把双刃剑，必须要有清晰的策略，随着管理成熟度的提升，公示可以由浅入深逐步深化，公示什么内容、公示哪些人员、公示范围、投诉渠道等，都是必须要考虑的。

第三节 考评效果在沟通

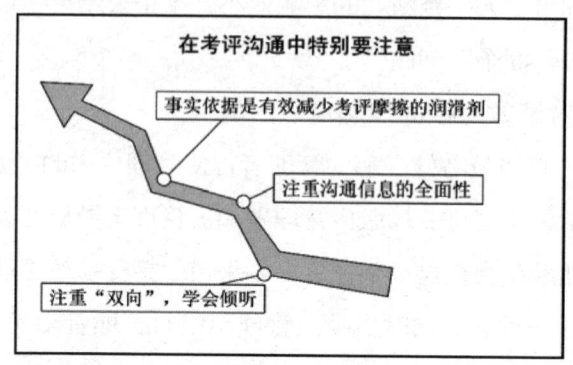

在考评沟通中特别要注意

事实依据是有效减少考评摩擦的润滑剂

注重沟通信息的全面性

注重"双向"，学会倾听

做完绩效评价后，就要进行绩效反馈面谈了，实际操作中，受绩效管理水平和面谈者的专业度影响，各企业可能各有各的做法，有的随意有的细致，有的业务部门自己做面谈，而有的由 HR 代劳。其实绩效反馈面谈是绩效考核过程中很重要的环节，它涉及对被考核者绩效结果的最终确认、绩效考核收获、需改善细节、改善方法探讨、下一周期考核计划等，如果随意组织或进行，将难以收到反馈效果。

较为理想的反馈应当由被考核者、其直接上级、HR 部门绩效专员三者共同参与，绩效面谈的成功，关键还在于前期的准备和培养，然后就是如何帮助员工成长。

社会心理学中有大量事实证明，人们总有一种把个人的不良绩效归咎于外部因素的倾向，因此不要将自我评价的绩效结果用于管理性目的。自我评价最好用在绩效反馈阶段的前期，以帮助员工思考一下他们自己的绩效，从而将绩效面谈集中在上级和下级之间存在分歧的方面。

绩效面谈作为绩效考核中一个重要的环节，往往是考核者与被考核者之间一个双向沟通的过程。而在很多时候，主管却把它变成了自己单方面的训导。而员工自身呢，很大程度上也习惯了依赖上司对自己评价，从上司评价中获得对自我的肯定。

绩效考评是管理者很困惑却思考得较多的一项很关键的管理工作，其效果在很大限度上取决于沟通的效果。有效的双向沟通是发挥考评正向激励作用的前提。考评刚结束，感觉需要和大家沟通一下，尤其是考评结果比较差的人，当时想的是如何向他们解释；而考评结果比较好的，又如何让他们保持应有的压力。华为管理流程中有一项：当评议结束后需要和大家沟通。通过沟通了解大家的工作和具体想法，尤其是考评结果比较差的员工的感受和想法。

考评不是目的而是手段。它创造了主管和下属定期沟通的良好机会，是主管与下属共同探讨前期工作中取得的成绩和存在的问题，并进一步指导下属制订改进计划的过程，而不只是为了得出"ABCD"，将下属分出三六九等来。也许您工作太忙，也许您下属太多，但都不能成为管理者不沟通的理由。

沟通是管理者的一种职责。《华为公司基本法》中有这么一条："在各层上下级主管之间要建立定期述职制度。各级主管与下属之间都必须实现良好的沟通，以加强相互的理解和信任。沟通将列入对各级主管的考评。"

华为的一位管理者在考评沟通中总结了以下两点经验：

在考评沟通中特别要注意：

● 注重"双向"，学会倾听

记得一次与下属进行考评沟通时，因感觉他工作不太好，能力也稍弱，于是滔滔不绝，告诉他应该怎么怎么样，而不应该怎么怎么样，根本就不给他讲话的机会，而他也不断地点头。我感觉这次沟通非常好，但事后我从旁人了解到，那位下属，原本想利用这次难得的正式沟通机会与我谈谈他的一些工作的思想及对我管理上的看法，但却没有得到机会；同时对我说的并不全部认同，但却不想讲。可想而知这样的单向沟通能达到交流的目的吗？

从此我学会了"倾听"。让下属多说话，积极营造一种平等、融洽的气氛，鼓励下属充分表露自己的观点，然后针对其观点再有理有据地探讨才能达到最好的效果。

● 注重沟通信息的全面性

考评是一种特定的沟通，有其特定的沟通内容，主要包括：

★上年度、季度绩效完成情况（对照目标责任书、工作计划表）

★员工工作方面的长处与优点

★员工需要改进点

★员工的改进计划

★下年度、季度员工的目标责任、工作计划

★考评结果的依据

这几个方面在考评沟通中都非常重要，缺一样都会使考评的效果大打折扣。

● 事实依据是有效减少考评摩擦的润滑剂

俗话说得好，"事实胜于雄辩"。

我们有没有碰到这种情况：一季度下来，所有下属的工作计划完成都差不多，而按比例控制却必须有 45％的"正常"，经过人与人比，决定本次考评给 A 君考"正常"。但沟通时被 A 君一句"凭什么"，就可能搜肠刮肚也一时想不起太多的依据。而下属要是得不到一个满意的答案的话，再好的沟通技巧也不会使下属心悦诚服，这样就会影响沟通的效果，形成考评摩擦。

事实依据在考评工作中非常重要，要解决这个问题，关键在于平时对事实依据的积累。在此我建议大家专门建立一个考评文件夹，平时就有计划地将有关各下属表现的典型事实数据收集起来。

这个文件夹建好后，应该不光是对考评有作用，加上一些其他内容后还可以作为下属的个人发展档案，同时也方便了主管对各种信息的归档、整理。

总之，只要关键的沟通做得好，绩效考评将不再令人头痛。华为的一位人力资源管理者在考评结束的交流沟通中，还遇到了一件感动的事情。某员工长期从事某老产品的维护工作，日积月累，总觉得自己得不到更大的提高，并对未来一片迷惘。

下面是该员工的考评结果沟通后的反馈："在与主管讨论的情况下，下季度主要的工作……我们还就绩效改进的方法进行了讨论……在沟通过程中我对研究部提出了一点意见和要求，其实也没有什么，就是希望领导能够听听我的牢骚。我主要的抱怨是集中在对维护工作的看法上。做维护工作可能不会见到绩效，但是公司是不能容忍低绩效的。我想一个公司的成长不能寄托在'英雄人物'或'无私奉献'上面。因为绝大多数员工都是普通人，他们的理想或多或少与公司的理想会有偏差，所以极少数英雄＋优秀的管理＋大多数普通员工才会是一个成功企业。以上这些，我与主管都进行了良好的交流，并且对我进行了多方面的引导，我觉得主管做得非常好。说实话，事后我感觉非常爽快。我对这样的沟通形式比较满意。"

对此，这位 HR 做了答复："看了你的反馈，十分感动。其实所谓的沟通也就是给了你一个可以拼命工作的机会，一个拼命的方向，也就是要你给研究部、公司拼命，却让你感到非常爽……另外我提一个要求，当你感到不爽时，请主动找我们。因为我不是英雄，我们公司的管理也称不上优秀，仅是普通人而已，难保一定能知道你的处境，尤其很难了解你的感受，这就是我们需要沟通的地方……"

经过这次沟通，这位 HR 真正感到了沟通的威力，但也感觉到要做好它真不容易。沟通首先需要管理者们转变观点，从人的角度看问题，发现问题，最终通过一定的交流，使问题得以解决。考评沟通不仅仅是把考评结果通报，而是要达到双赢，不仅使员工的绩效得到提高，也使组织的绩效得到提高，而且这种提高是双方都乐意看到的。有了良好的沟通，才会有团队相互坦诚、互助的氛围。

用什么具体的沟通方式才能达成绩效谈话的效果？介绍两个小技巧：（1）BEST 法则，所谓 BEST 反馈，是指在进行绩效面谈的时候按照以下步骤进行：描述行为、表达后果、征求意见、着眼未来。BEST 法则又叫"刹车"原理，是指在管理者指出问题所在，并描述了问题所带来的后果之后，在征询员工的想法的时候，管理者就不要打断员工了，适时地"刹车"，然后，以聆听者的姿态，听取员工的想法，让员工充分发表自己的见解，发挥员工的积极性，鼓励员工自己寻求解决办法。最后，管理者再做点评总结即可。（2）汉堡原理，所谓汉堡原理，是指在进行绩效面谈的时候按照以下步骤进行：先表扬特定的成就，给予真心的鼓励，然后提出需要改进的"特定"的行为表现，最后以肯定和支持结束。其作用在于提醒管理者，绩效面谈的作用在于帮助员工改善绩效，而不是抓住员工的错误和不足不放，因此，表扬优点，指出不足，然后肯定和鼓励，才是最佳的面谈路线。

第四节 员工绩效改进计划

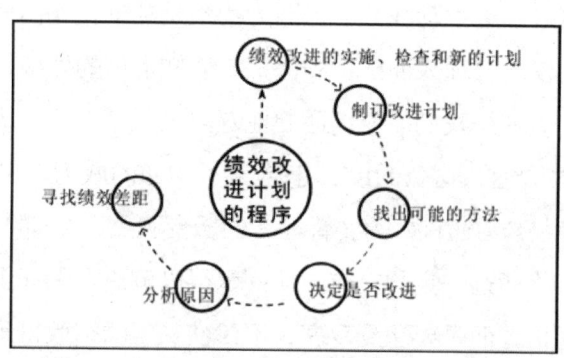

按照管理学观点，个人绩效贡献只占组织绩效的 25％，只有聚焦了组织绩效，才能促进管理者从环境、结构、流程、岗位、人员、激励等多方面系统找寻绩效改进的最有效空间。这种基于绝对标准的识别方法，有面有点，点面结合，既有利于定向牵引绩效改进、定点清除绩效障碍，还避免了人与人比。

绩效评价仅仅是绩效管理的一部分，就像引擎一样，缺少任何一个部分，我们都无法开动汽车，而绩效改进也是一样。只靠绩效评价一个环节，是无法达成绩效改进的，绩效管理是必要的。绩效目标与实际达成的结果相比较，就是绩效评价。绩效评价的目的，就是为了改进、提升绩效。

华为轮值 CEO 徐直军曾在一篇文章中指出了华为绩效管理的漏洞："要把干得好、干得一般和干得差的区分出来，适当拉开干得好与干得一般的奖金差距，敢于给干得差的奖金为零并末位淘汰。

"我们的各级主管，特别是中层主管在奖金评定时搞大锅饭的现象严重，不管绩效好坏，奖金都差不多，而且不敢把绩效差的人奖金评为零。有些主管太多关注员工的感受，在奖金评定时不敢旗帜鲜明，明明比去年的绩效差，但不敢把奖金评得比去年少，维持和适当加一点成为最普遍的方法。如此奖金评定方法大大损害了员工不断追求绩效改进的积极性。"

徐直军强调，要关注绩效的不断改进。"我们在绩效管理时最容易犯的错误是只关注绩效结果，不关注绩效改进，在对新员工与老员工绩效评定时尤其突出。老员工由于本身任职能力强，产出多，但可能相当长时间没有进步；新员工由于来公司时间短，产出少，但进步大；对这种情况有些主管只比多少，不比进步，影响员工不断改进的积极性。"

对于员工来说，取得绩效后也要善于总结，总结有助于自己专业能力的提炼提高。

分析出个人绩效不佳的原因，接下去，就要进行绩效改进。《华为公司基本法》这样写道："工作绩效的考评侧重在绩效的改进上，宜细不宜粗。"员工绩效改进计划是一个常见的绩效改善管理工具，不少公司都在使用这套方法。员工绩效改进计划又称个人发展计划（IndividualDevelopment Plan，IDP），是指根据员工有待发展提高的方面所制订的一定时期内完成有关工作绩效和工作能力改进与提高的系统计划。由于绩效评估的最终目的是为了改进和提高员工的绩效，因此，制订与实施绩效改进计划是绩效评估结果最重要的用途，也是成功实施绩效管理的关键。

1998 年，任正非在公司品管圈（QCC）活动成果汇报暨颁奖会上这样说道："我们坚定不移地推行绩效改进的考评体系，坚决实行减人增效涨工资的政策。随着我们的发展，工作总量越来越大，但人员的增长要低于产值与利润的增长。每一道工序，每一个流程，都要在努力提高质量的前提下，提高效益，否则难以维持现行工资不下降。

"我们要尊重那些踏踏实实、认真努力、恪守职责，并不断改进自己工作的老员工，要给予他们多一些的培训机会。他们是我们事业的基础。要帮助他们进行工作适应性调整，使他们在合乎自己能力的岗位上，发挥作用。通过不断改进本职工作，来提升自己的待遇。要干一行，爱一行，专一行。

"对于一些具体的操作岗位，绩效改进在经过一段时间后，改进会越来越困难，如财务的账务体系、生产的一些流程……那么我们就推行岗位职责工资制，定岗、定员、定待遇。从他们的责任心、负责精神、服务意识中，进行晋升。

"我们要创造更多的机会，给那些严于律己，宽以待人；对工作高度投入，追求不懈改进，时而还会犯小错误和不善于原谅自己的员工。只有高度的投入、高度的敬业，才会看破'红尘'，找到改进的机会，才能找到自身的发展。敢于坚持真理，敢于讲真话，敢于自我批判，在没有深刻认识事物的时候不乱发言，不哗众取宠的员工是我们事业的希望。每一个员工都要立足本职，有所作为。那些一心想做大事而本职工作做不好的员工要下岗。"

员工绩效改进计划的核心是绩效提高，所以员工绩效改进计划一般没有持续性，即一个员工经过两或三个周期的绩效改进计划仍没有工作进展或工作进展无法满足工作绩效要求，则企业一般会考虑轮岗或更换员工。这也是主管帮助员工制订绩效改进计划和职业生涯两项工作的不同。

绩效改进计划一般按照以下程序进行：

1. 寻找绩效差距

绩效差距的表象是员工绩效水平无法达到企业的要求，其深层次的原因为，存在着某种因素使得员工无法按要求完成绩效。

寻找绩效差距可以根据工作要求和员工实际工作结果对比确定。例如：某员工工作要求为每月 6 日上交报表，实际绩效为每月最早 8 日才可以上交报表。绩效差距为：报表上交无法按时完成，延后时间大于2 日。

2. 分析原因

员工绩效无法达到要求，应该从员工、主管及环境三方面寻找原因。员工角度：可能存在能力无法达到任职要求、员工沟通能力欠缺、员工身体状况等客观因素，以及员工不愿按时完成等主观因素两方面；主管角度：可能存在督导不及时，未及时发现问题并帮助员工改正等因素。环境角度：可能存在数据无法准时提供、报表汇总周期过短、数据提供准确性差引起校验期较长等原因。

可能引起员工绩效差距的原因一般包括：

员工方面：不知如何做；不知如何做好；不知什么最重要；不知

207

做成什么样；不想做；还有其他事情要做；做了也没什么用等。

主管方面：不知做了有什么用；不知如何帮助员工；是否帮助过员工；是否未肯定员工的成绩；是否未提醒员工的过失等。

3. 决定是否改进

并不是所有的绩效差距都要纳入员工绩效改进计划之中。一般来说，通过员工努力确定可以达到绩效改进的工作才会纳入到绩效改进计划之中，也就是因为员工因素造成的或者虽不是员工造成，但通过员工改变工作方法可以改进工作的内容才会纳入绩效改进。

4. 找出可能的方法

绩效改进的方法应该由主管和员工一同完成，可采用头脑风暴或重新梳理流程等方法，提出若干可能的方法。

5. 制订改进计划

首先，要确定改进目标，目标的选取应该由主管和员工共同完成，以员工为中心，主管要提出明确要求；其次，要对可能的方法进行筛选，选取双方认可的方法，方法一旦确定，主管要确保给予员工足够的资源支持；再次，要把改进计划分解为若干步骤，并明确每一步骤的时间和工作效果要求；最后，形成一份书面的绩效改进计划。

6. 绩效改进的实施、检查和新的计划

绩效改进计划一旦制订，主管和员工应该共同确保计划的实施，员工应该按计划认真完成每项工作，并做好记录，主管则应给予员工适当的支持，并定时检查计划执行，发现问题，及时与员工调整计划。

任正非在文章《华为的冬天》一文中这样写道："华为公司老喊狼来了，喊多了，大家有些不信了。但狼真的会来的。今年我们要广泛展开对危机的讨论，讨论华为有什么危机，你的部门有什么危机，你的科室有什么危机，你的流程的哪一点有什么危机。还能提高人均效益吗？如果讨论清楚了，那我们可能就不死，就延续了我们的生命。怎样提高

管理效率，我们每年都写了一些管理要点，这些要点能不能对你的工作有些改进，如果改进一点，我们就前进了。"

华为员工周星负责的区域的业绩很不好。主管觉得他不太适合在市场部门工作，在绩效考评时给他打了 C，这让周星感到了巨大的压力。考评沟通时，周星心平气和地接受了考评结果，他说自己渴望这份工作，喜欢做市场，也愿意进步。主管就和他一起分析工作技能上的欠缺，在工作中时不时给予指导，部门也安排一名老员工带他。渐渐地，周星开始进入状态，潜能迸发了出来，现在他一个人承担着部门 1/4 的销售额。对于此事，主管汪杰很感慨："一个主管的威信不是靠给别人打考核而来的，是帮助员工成长而来。如果我当时仅仅轻易把他淘汰，对公司不负责、对他本人也不负责。"

华为员工吴丽蓉在原来的岗位上并不突出，管理团队识别出她在计划管理、前后端沟通方面有潜在素质，于是将她转到 PSO 岗位。这一下子打开了她工作的视野。她说："以前我们经常录工时，不理解为什么要录，以为是用系统来管我们，现在知道是为了成本预算，把每个人的事情分摊到整个项目里。现在的岗位需要学习财务、商务、法律等知识，压力比以前大，但很充实。"在 2010 年代表处的颁奖晚会上，吴丽蓉因工作出色而获得了"计划控制辣妈奖"。

当然，对于真正拒绝改进的人，华为也绝不姑息。华为工程部宋伟就遇到过这样的事情。某次，一员工对自己的绩效考评不认可。宋伟就问他："我们在区域的客户关系有什么新的进展？你在区域项目交付时提出过哪些合理的或者不合理的建议？"都一问三不知。虽然宋伟与他进行了沟通、分析，但该员工改进意愿很低，而且很长时间都没有看到进步，代表处就做了人员淘汰。对此，宋伟说："如果这样的状况在组织中被放任，团队就会懈怠掉，会损害组织战斗力。"

第五节 经理人反馈计划

MFP 反馈是下属给主管的一份礼物。MFP（Manager Feedback Program）即经理人反馈计划，是 PSST 领导力发展项目中五大人才管理工具之一。MFP 为下属评价其经理的"人员管理有效性"提供反馈途径，通过征集下属对主管在此方面的意见和建议，帮助主管提高人员管理能力。MFP 分为三个主要的阶段——在线问卷（匿名进行）、反馈会议、改进计划与行动。

MFP 聚焦于各级主管的人员管理有效性，通过 MFP 的良好实施将清晰地传达华为公司对"华为经理人卓越行为的期望"，MFP 同时也将成为员工与直接主管加强沟通互动的平台，以益于建立更加高效的团队。

MFP 与自我批判的区别在于，自我批判是站在自身的角度对自我认识的反思，内容包括业务、管理行为、生活作风等很多方面，内容比较宽泛。

MFP 是一个帮助主管"照镜子"，了解下属眼中真实的自我，发现在人员管理方面的盲点或误区，促发主管自我改进的系统工具。在 MFP 实施过程中，主要有三个步骤：1. 主管邀请员工填写在线问卷，提出对主管在人员管理方面的建议；2. 主管获得相关反馈报告，并组织员工参加反馈会议，探讨管理的有效性和需要改进的地方；3. 由主管制订改进计划，同时请员工监督执行，最终帮助主管们变得更加出色。

华为某位主管在回顾 2011～2013 年 MFP 中"你觉得自己直线主管的人员管理水平如何"的反馈时，给予"非常满意"回答的员工比例从 58% 上升到 100%。通过这次的 MFP，他有了这样的感触："虽然我并没有觉得自己的管理好到这个水平，但我相信，员工对主管管理的认可，不完全取决于物质激励，非物质的因素也很重要。

"在这里，不管谁新加入、谁调动，欢迎会和调动送别会是必不可少的。尤其是送别会，不管是谁都必须有。首先，因为每个员工走我们确实都舍不得，虽然还在公司里，毕竟以后见面的机会少了；再者，一个员工为这个部门努力奋斗了，贡献了自己的力量，走的时候部门有所表示，员工能真实感受到自己的贡献确实得到了大家的认可，会觉得在这里度过的青春是值得的。

"其实，过去3年做的各种事情，根本就没想过非物质激励的概念，也没有系统总结方法论。只是心里总想着，兄弟们跟着我，工作强度这么大，希望能让他们多一些收获，工作的同时保持快乐，仅此而已。非物质激励的关键真的就是主管用心，有心自然就会有方法和效果。"

链接

华为MFP的部分场景回放

2013 年 10 月，华为主管 B 做了自己的 MFP，部门 HR 小 A 为主管做了 MFP 报告的解读，通过这次 MFP 调研，主管惊异地发现："原来我在大家眼里是这样的？以前还没有意识到，现在照完镜子，该做些改变了。"

下面是小 A 在辅导主管 B 做 MFP 报告解读时的部分场景回放。

HR：这个 MFP 报告您看过了吗？

主管：看过了，有点震惊，跟我的预期有一定的差距。我平时带团队也很用心，没想到大家对我有这么多建议，这些"红色"是表示我做得不好吗？

HR：是这样的。整体上看，您的报告属于"积极"类型，下属的积极反馈说明他们对您有很多期待，希望能在您的带领下，走得更远。

或许您在带兵方面做了很多事情，但是在下属眼里，他们没有感受到，这就是报告上的"红色"。下属的积极反馈是好事儿，就像您"带兵"道路上的"灯塔"，指引您未来管理需要关注的地方。

从报告来看，您有三项在"做到"方面得分最低，分别是："每个月，主管不定期与我进行一次正式或非正式的工作沟通"；"主管倾听和了解过我的发展意愿和诉求"；"在我工作有进展和取得成绩时，我得到了来自主管的肯定和欣赏"这三道题。这几个题目背后反映的是"目标和意义明确、关注员工发展、及时肯定"这几个管理维度。对这个，您怎么看?

主管:这半年来，在下属的工作任务明确、关注员工发展这方面，我觉得做得还不错，只是在及时肯定方面做得有点欠缺，对他们的鼓励和表扬少了。

HR:那您都是通过什么方式对下属进行任务分配，明确他们的工作目标的呢?

主管:一般是开部门例会，每个月在例会上大家都会说一遍自己的工作任务和进展，有问题在例会上我会给大家反馈，而且我每天都会处理邮件。

HR:那您对下属有没有单独进行过面对面的工作沟通与辅导?

主管:比较少，平时会议和业务上的事情太多了，而且每个月的例会上不都给每个人过了一遍工作任务吗?

HR:这就是您和下属的感知出现了偏差。下属期望您能定期跟他们做工作上的面对面的辅导与沟通，更清晰地了解他们的想法。部门会议毕竟时间有限，单独沟通效果好，对下属的指导意义更大。您可以把与澄清工作目标和责任方面的时间稍微分配多一些，这样后续的绩效沟通和辅导效率就高了，在团队的绩效管理上就事半功倍啦。

主管:哦，原来症结在这里。刚拿到这个报告时，我很诧异也很沮丧，觉得自己做了很多，但是他们为什么不理解。他们还是希望与我双向沟通交流，以后要增加时间，了解他们工作的动态。

HR:对于关注下属能力发展和成长方面，您回想一下，最近半年来，有了解过他们在个人发展方面的想法吗?您都做了哪些来发展下属的能力?

主管:比较少，我觉得能力实际上是通过好的绩效产出来证明的，能力也是通过一个个阶段性目标的实现而提升的。

平时我在业务发展、跟周边部门的协调和职责明晰方面做了很多工作，我想尽可能地给团队创造一个好的工作氛围，把路铺好，这样大家干活效率才高。具体到员工个人的职业规划方面聊得比较少，在专业员工的发展方面，我还真没什么经验，公司有相关的机制和平台吗？

HR：有的，专业任职资格就是。它打通了专业员工发展通道，通过明确各个层级的专业任职资格标准，指导员工向上一级的学习与成长，是牵引员工在专业道路上发展的一个阶梯。

其实您可以利用好任职资格这个工具，根据员工不同的层级以及他的发展诉求，分配适合当前任职要求的工作任务，还可以定期给员工换模块工作的机会，这也是对他的发展。

主管：嗯，以前对任职资格的了解还不够深刻，仅仅把它当成了人岗匹配前必须完成的一道工序，现在看来，它在员工能力提升和职业发展方面也有牵引作用。

HR：再来看报告的"及时肯定"方面，大家希望您能有所改善。

主管：回想起我这段时间来，对他们的表扬和鼓励是有点少，我以前的主管就是比较少表扬下属，通常他不批评我们就觉得很幸福了，其实这一点我自己也有意识到，但是个人已经习惯了这种方式，而且一忙起来就又忘了。

HR：每个人在内心深处除了物质的欲望之外，还有精神层面的追求，鼓励、表扬这些非物质的方式，有时候比物质激励还给力。

主管：我愿意在这方面做出一些改变，我准备列一个计划，每天至少有效表扬一个人，坚持做下去。

前几天 HR 还发邮件说近期启动自我批判，要召开民主生活会。这个和 MFP 的反馈会有什么区别呢？

HR：自我批判的民主生活会是主管站在自省的角度，进行自我认识的思考与倾诉，往往带有主观评价因素，讨论的内容包括业务、管理行为、生活作风等很多方面，内容比较宽泛。参与人包括主管的上级、同僚、下属以及道德遵从委员会等相关部门同事。MFP 的反馈会是从别人看自己的角度来认识自己，聚焦在主管的人员管理方面具体的行为，不涉及其他领域内容，讨论的主题围绕着调研报告中数据结果体现出来的问题。

主管：我这次的 MFP 报告结果有这么多"红色"，会影响我的任命和考核吗？

HR：不会的。MFP 是主管用于"照镜子"的工具，让主管了解到下属眼中真实的自己，主要用于指导主管自己进行人员管理能力改进，制订人员改进提升计划后写到 PBC "人员管理"目标里面去。MFP 的调研报告不会给主管的上级、同僚看。

（本文摘编自《原来我在大家眼里是这样的》；作者：卢凤；来源：《华为人》，2013）

绩效优秀的员工为什么跳资源池了?

在公司放开内部人才市场的流动之后,如何在日常工作中真正识别员工的需求,如何留住部门内的优秀员工?作者所管理的部门主要面向成熟期的产品交付,团队绩效一直是产品线的标杆,但在 2014 年 6 月,先后有几位骨干员工提出要换产品线,并最终通过公司的内部人才市场(即员工俗称的跳资源池)完成了调动,对团队管理造成了一定的冲击。本文围绕此事展开分析,并给出改进的措施。

2014 年 6 月,部门的 3 位 14 级员工突然提交了进入公司后备资源池的申请,并在一个月内完成了工作交接,调动到了新产品线。3 位员工历史绩效都非常好,也是项目组的骨干,部门第一次遇到如此多绩效优秀的员工集中要求调动,究竟是什么原因导致的?

沟通及反思

员工没有提出离职,只是去了其他产品线,说明对公司是认可的;员工的绩效非常好,年初刚调过薪,调薪幅度和奖金数额也是比较到位的,问题应该主要出在部门的非物质激励方面。

在和员工交流后,发现了几个主要原因:1.员工认为部门长期从事成熟期产品的交付，"项目组里资历比我们老的员工还有不少，即使绩效再好，有新的机会也轮不到我们"。2.这些员工内心希望能够有机会从事更有挑战性的工作。3.在公司的人员流动政策下，员工可以不需要主管同意，在工作交接完成后即可进入后备资源池，实现调动。

反思部门内部管理，长期从事成熟期产品的交付工作，人员构成和岗位在一定程度上有板结，新秀难于"出头"。长期以来，我们重要的研发岗位如SE、PL等的上岗，一直是直接主管推荐，AT评议。只有被推荐的人才有上岗机会；同时AT成员未必都熟悉被推荐人，在任用上无法做到人尽其才。部门的整体绩效一直在产品线名列前茅，但部门的发展红利并未与员工的个人发展更好地结合起来，没有让员工享受到集体奋斗带来的好处，时间长了就会产生离心。

改进动作

虽然这3名绩效优秀的员工没有挽留住，但产品部及时制定了可持续可例行化的改进方案，重新增强了团队的凝聚力。

1.结合员工意愿，有规划地向周边输出员工，为老员工找到新的发展机会，也为新人创造了机会。从二季度开始，部门结合指令性和非指令调配要求，向产品线一线行销、服务、支撑平台部门等输出了近30人，支持了产品线发展要求。

2.打破研发论资排辈的"潜规则"，把空缺岗位及岗位要求向全员公示，采取竞聘制，鼓励员工平等参与竞聘。产品部在7月梳理出11个空岗，分两批向全员公示，共有25名员工报名，经过答辩评分和公示后，每个岗位最终都得到了需要的人才。

3.每季度或半年组织产品部民主生活会，向员工传递产品线的经营情况和导向，让员工和管理者对齐信息，上下同欲，鼓励大家一起努力，实现产品线和个人发展的共赢，对未来更有信心。

从最终实施的效果看，我们让员工感受到了发展的机会，让员工感受到了机会均等和平等竞争，部门岗位得到了需要的合适人才，真正做到了共赢。

思 考

部门的发展，要能与员工的发展诉求结合起来，形成组织发展和个人发展的统一，组织要关注不同级别员工的发展，要能为员工创造公平竞争的发展机会，让大家看到希望，有所期待。对于成熟期产品的人员，要例行向周边做人员的输出和置换，改变内部人力资源结构，防止资源板结。

最后用一段历史典故结束此文。清康熙年间，有人提议重新修葺长城。康熙明确表示了反对，他说："秦筑长城以来，汉、唐、宋亦常修理，其时岂无边患？明末我太祖统大兵长驱直入，诸路瓦解，皆莫能挡，可见守国之道，惟在修得民心，民心悦则邦本固，而边境自固，所谓'众志成城'者是也。"

（本文摘编自《绩效优秀的员工为什么跳资源池了？》；作者：干部高级管理研讨班第 71 期 B 班罗萱；来源：《华为人》，2015）

参考文献

［1］谢邪．战略执行体系构建手册［M］．北京：机械工业出版社，2010.

［2］杨玉柱．华为时间管理法［M］．北京：电子工业出版社，2011.

［3］余世维．赢在执行（员工版）［M］．北京：北京出版社，2009.

［4］邵雨．管控力：面向目标的执行方法［M］．北京：清华大学出版社，2008.

［5］黄宪仁．如何推动目标管理：聚焦企业动能的最佳利器［M］．厦门：厦门大学出版社，2010.

［6］于环宇．高绩效的秘密：绩效管理驱动系统［M］．北京：北京大学出版社，2013.

［7］赵国强，杨魏峰．管理心理学［M］．郑州：河南大学出版社，1995.

［8］孙科柳．华为绩效管理法［M］．北京：电子工业出版社，2014.

［9］胡劲松．绩效管理：从入门到精通［M］．北京：清华大学出版社，2015.

后记

　　在德鲁克看来，"卓有成效是管理者的职责所在，无论他们是负责他人和自己绩效的管理者，还是仅仅对自己绩效负责的专业工作者。如果做不到卓有成效，就谈不上'绩效'，不管你在工作中投入了多少才智和知识，花了多少时间和心血"。

　　在《华为的绩效管理》的写作过程中，作者查阅、参考了大量的文章、文献和作品，部分精彩文章未能正确及时注明来源及联系版权拥有者并支付稿酬，希望相关版权拥有者见到本声明后及时与我们联系，我们都将按相关规定支付稿酬。在此，深深表示歉意与感谢！

　　由于编者水平有限，书中不足之处在所难免，诚请广大读者指正。同时，为了给读者奉献较好的作品，本书在写作过程中的资料搜集、查阅、检索与整理的工作量非常巨大，需要许多人同时协作才得以完成，并得到了许多人的热心支持与帮助，在此感谢林云、杨泽健、刘余迢、杨亚如、刘因翁、卢进伟、庄焕艳、肖亚强等人，感谢他们的辛勤劳动与精益求精的敬业精神。